守望者
The Catcher

阅读　你的生活

Marcus
Tullius
Cicero
西塞罗
哲学文集

崔延强 主编

论诸神的本性

DE NATURA DEORUM

〔古罗马〕马库斯·图留斯·西塞罗 —— 著
（Marcus Tullius Cicero）

崔延强　张鹏举 ———————— 译

中国人民大学出版社

·北京·

"西塞罗哲学文集"总序

众所周知，马库斯·图留斯·西塞罗（Marcus Tullius Cicero，公元前 106—前 43 年）是古罗马的政治家、法学家和演说家。但人们了解不多的是，他也是希腊文化拉丁化的"摆渡人"，他将希腊哲学引入罗马社会，塑造了罗马国家意识、民族精神和社会道德。他在政治方面的功绩和在学术方面的成就均源于他的"公民意识"，即汇众力以强国的自觉意识。他曾言："哲学应该为了国家的利益而被带到我们的同胞面前。因为我判定，一项如此重要和崇高的研究也应该在拉丁语文献中占有一席之地，这几乎关系到我们国家的荣誉和光耀。"（《论诸神的本性》1.7）由此，我们就不难理解为何西塞罗会持有一种折中主义的立场，因为凡是有利于罗马国家发展的思想都应该，也能够为他所用。具体说来，西塞罗在认识论上接近"新学园派"的怀疑论，怀疑即探究，探究和批判各种已有的观点，例示种种可能近乎真理的知识。他在自然哲学和神学上亲近斯多亚派的学说，即自然理性的"神"统摄宇宙万物，而论证神的存在、特征和权能不是出于迷信，而是在于罗马伦理道德的奠基。他在伦理学上也坚持了斯多亚派的一贯主张，即人的本性与自然和谐一致的德性生活就是善和幸福，而善和幸福不单属于个人，也归于整个国家，个人的义务与国家的正义是统一的。可见，西塞罗并非安于个体的灵魂宁静，也就突破了他所译介和研究的希腊化哲学的视野；相反，他试图将持有与自然一致的德性的人们凝聚在国家之中，兴新学、造新人、立新德，由此罗马才成其为罗马。故而，西塞罗可谓"古罗马"的"哲学家"。

从学术生涯看，西塞罗早年跟随斐德罗（Phaedrus）学习伊壁鸠鲁主义，但伊壁鸠鲁派的快乐主义显然未能湮没他雄心勃勃的政治抱负。后来，他师从柏拉图学园的掌门人拉利萨的菲洛（Philo），了解到"一切都不可知"的怀疑论，接受了由正反双方论辩以探究真理的辩证法的训练。更重要的是，他在这段时间树立了学术理想，立志成为拉丁文化中的"柏拉图"。同时，他也与斯多亚派的迪奥多图（Diodotus）经常往来，熟悉斯多亚派将智性、本性和德性相统一的学说。之后，他移居雅典，向那位具有斯多亚主义倾向的学园派安提奥库（Antiochus）学习希腊哲学；又赴罗得岛求教于重要的斯多亚主义学者波西多纽（Posidonius）。虽然哲学研究是西塞罗人生中的重要部分，但不是主要部分，他的大部分精力倾注在政治实践当中。直到公元前 46 年秋，由于政治上的失意和爱女的夭折，他退隐海边庄园，埋头于哲学著述，仅用不到两年的时间完成了其主要哲学著作。例如，《论学园派》、《论目的》、《图斯库兰辩》、《论诸神的本性》、《论预言》、《论命运》、《论老年》（*De Senectute*）、《论友谊》（*De Amicitia*）、《论荣誉》（*De Gloria*）和《论义务》等。此外，他在公元前 1 世纪 60 年代还创作了《霍腾西乌斯》（*Hortensius*），作为一部哲学的劝勉书还曾激励奥古斯丁洁净灵魂，追求真理。

西塞罗从公元前 46 年到公元前 44 年撰写了三十多卷的哲学著作，其中主要作品按照主题可分为研究认识论的《论学园派》，自然哲学和神学方面的《论诸神的本性》《论预言》《论命运》，伦理学方面的《论目的》《图斯库兰辩》《论义务》。

《论学园派》是他为"新学园派"辩护的对话录，彰显了新学园派因"一切都不可知"而"存疑"（*epokhē*）的怀疑论精神；这部书更是西塞罗整个哲学思想的方法论导言，即"批判一切，不做定论"，让真理在论辩中显现出来，或者至少指示出接近真理的各种可能的途径。

《论诸神的本性》坚持新学园派的怀疑论立场，从神是否存在、神的形象、神的家园和居所，以及神的生活方式等问题出发，论述并批判了伊壁鸠鲁主义和斯多亚主义关于神的各种观点，其目的在于考察神学乃至宗教对于人的道德行为和幸福生活的意义。

《论预言》是在《论诸神的本性》的基础上继续研究神与人事之间的关系，西塞罗在此书中反对斯多亚派关于神谕和占卜的信仰，力图破除人们对神谕的迷信；同时，该书考察了古代神谕、占卜或预言的起源、功能、种类和影响，是有关古代罗马宗教信仰的"百科全书"。

《论命运》回答人之自由的可能性问题，西塞罗在书中运用新学园派的观点和方法，批判了斯多亚派通过划分"原因"和伊壁鸠鲁派用原子的偏斜运动来论证自由意志的做法；从根本上抨击了将"命运"等同于"必然"，或者将"自由"等同于"偶然"的错误观点。

《论目的》中的"finibus bonorum"（善端）即为亚里士多德所谓的"*telos*"（目的），这本书旨在考察善良和幸福的"准则"，展现人类实现自身充分发展的多种途径；书中也阐释并批驳了伊壁鸠鲁派的快乐主义和斯多亚派基于人之本性的伦理学，介绍了安提奥库转述的漫步学派的伦理学。

《图斯库兰辩》认为哲学是"医治灵魂疾患的良方"，理性能够战胜激情，从而排除灵魂的纷扰，使人最终过上自足的有德性的生活。尤其是，西塞罗在书中倡议发展拉丁哲学，指出"哲学在罗马至今隐而不显，拉丁语尚未为其增光添彩。如果我在忙碌时也曾服务于我们的同胞，那么我在闲暇时也应为了同胞的利益推动并倡议哲学研究"（《图斯库兰辩》1.6）。

《论义务》是西塞罗最后一部著作，借以勉励其子成为有益于社会的品德高尚的人。该书从根本上探究人们如何"正确"处理人与自己、人与他人，以及人与国家之间的关系的问题，主张义务是道德上的"正确"，就是遵从自然的法则，努力工作和生活，力所能及地帮助他人，做有益于国家共同体的事。

西塞罗的哲学研究根植于他本人拳拳的爱国之心，他将希腊哲学引入罗马，开拓了罗马人的眼界，也泽被后世，记述且保存了古希腊罗马哲学的主要观点。就当时而言，他的著作深刻影响了包括塔西佗（Tacitus）和塞涅卡（Seneca）在内的罗马知识分子。后来，他的作品也在基督徒的圈子中广泛流传，斐力克斯（Felix）、拉克坦提乌斯（Lactantius）和奥古斯丁等人都效仿西塞罗的论辩方法与当时流行的宗教进行斗争。在文艺复兴时期，西塞罗著作中传递的爱自然、爱生活、爱自由的精神滋养了当时新生的人文主义者，如彼得拉克（Petrarch）、蒙田（Montaigne）和伊拉斯谟（Erasmus）等。甚至哥白尼的"日心说"也在一定程度得益于西塞罗的著作中所记载的亚历山大天文学家的理论。在启蒙运动中，洛克、休谟、孟德斯鸠和伏尔泰也通过学习西塞罗的著作来探索与其时代相适应的宗教和道德。

此外，西塞罗的哲学著作也通过运用拉丁语让希腊人所讨论的主题更加明晰地表达出来。他对自己的母语深感自信，否认拉丁语不如希腊语，勇于直接用拉丁语表达相应的思想，如"qualitas"（质）、"essentia"（本质）和"officiis"（义务）等。这不仅扩大了拉丁语的适用范围，更让罗马能够用本民族的语言与希腊文明平等对话，由此造就了罗马的民族精神和国家意识。同时，西塞罗的雄辩文风也影响了文艺复兴时期各个民族的文化先驱，因而西方众多方言才逐渐发展为其所属民族的现代语言。

可见，作为哲学家的西塞罗并非试图独创一种新的哲学，而是汲取并融会希腊哲学众家之长以丰富罗马人的精神世界，确立罗马公民的行为准则，塑造罗马社会的道德伦理。正因如此，西塞罗的哲学著作具有极高的文献价值和思想价值，尤其是保存了现今遗失的希腊化各派哲学著作的大量信息，与第欧根尼·拉尔修、塞克斯都·恩披里柯、尤西比乌斯等人的著作构成希腊化哲学史料的最主要来源，因此对西塞罗哲学著作的深入研究和系统翻译具有重要意义。主编带领的希腊罗马哲学研究团队长期致力于希腊化哲学和西塞罗哲学思想的译介工作，现将其主要哲学著作合于"西塞罗哲学文集"，共分六卷，即《论学园派》《论诸神的本性》《论目的》《图斯库兰辩》《论预言》《论义务》。

本文集具有以下特点：第一，坚持将翻译与研究相结合。研究是翻译的前提，翻译是研究的体现。本文集力图在深刻理解西塞罗哲学思想的基础上，推出高质量、高水平的译著，为广大读者和专业人员提供措辞精准、表述通达、评注翔实的研究性译本。

第二，将主文献与相关文献的译注相结合。本文集特别辑录了与主文献相关的古代文本和现代论文，作为附录以供读者对比阅读和研究，以更准确地理解西塞罗的哲学思想。

第三，把拉丁文的直译与现代英译本对比校阅。本文集坚持从西塞罗的拉丁语原文翻译，以保证译文的原汁原味，但同时也不避讳相关的英译本，这有助于查漏补缺，吸收当代国外主流研究成果，形成中外哲学研究的有益互动。

因此，本文集的学术价值在于为研究西塞罗的哲学、古罗马哲学，乃至古典希腊哲学和希腊化时代哲学提供重要的基础性文献。

这是一项艰难的工作，但意义重大，诚如西塞罗所言，"确实再没有其他什么方式能像哲学一样对公民教育有所裨益了"（《论学园派》1.11），也再没有其他什么方式能像翻译一样对学术研究具有奠基作用了。本文集的译文凡数十万言，非一日所能成，其中的艰辛难以言说，但"忽闻八字超诗境，不惜丹躯舍此山"，唯心怀使命，砥砺前行耳！不过，要将西塞罗的著作从拉丁语原文迻译为中文，定然存在诸多困难，或因为两种文化之间本身的隔阂性，或因为我们对其文本和思想的理解尚待深入，故望方家不吝指正，共同推进希腊罗马哲学研究。

崔延强

希腊罗马哲学研究团队

译者前言[*]

塞克斯都·恩披里柯（Sextus Empiricus）在《皮浪学说概要》（*Pyrrhoniae Hypotyposes*）中称，自然哲学研究的主要问题关乎

---

　　* "译者前言"改写自张鹏举硕士学位论文《论学园派怀疑论对独断论的批判》（2020）中 "4.7 存在神吗?"，旨在介绍《论诸神的本性》一书的总体内容，概括其主要问题，梳理其基本线索。书中主要人物威莱乌斯（伊壁鸠鲁派）、巴尔布斯（斯多亚派）以及科塔（新学园派），围绕神是否存在、神的特征、神与世界的关系等问题展开讨论。这种正反双方的对话反映出西塞罗对当时哲学主要思潮的批判性"审视"（*skeptesthai*）。显然，这并非西塞罗吹毛求疵的无聊之举，而是为了揭露伊壁鸠鲁派本质上的无神论，针砭斯多亚派的泛神论和决定论，进而寻求一条接近神的可靠道路，以此作为整个伦理学的基础——根本上是人类幸福生活的根基。由此，本书的核心主题"神存在吗?"完全可以理解为"道德和幸福的基础何在?"这一在古代哲学语境下的前提性话题。当然，就此宏大的主题，西塞罗还用《论学园派》（*Academica*）和《论目的》（*De Finibus*）等著作分别讨论相关的方法论与具体问题。故而，理解《论诸神的本性》一书不可局限于一处，而应通览西塞罗的全部哲学著作。以上是读者在阅读本书前应当注意的。

"世界本原"。大多数哲学家都主张本原中有些是质料因，有些是作用因，而且作用因高于质料因。进而，许多独断论者都宣称"神"是存在的，并且指明神就是最高的作用因。譬如，伊壁鸠鲁派认为，关于诸神存在的知识是人们与生俱来的，为人们所普遍赞同。斯多亚派则称，根据整个世界运行的必然性以及有关神的种种迹象可知神是存在的。但是，新学园派对此却保持审慎的态度。西塞罗在《论诸神的本性》（*DND*）中评价新学园派的哲学家们"对模棱两可之事不做断言（adsensionem）是明智的"①。这是因为没有什么比草率而鲁莽的判断更糟糕的事了，也没有什么比不加查验地接受错误的观点或者固守某些尚未充分讨论与理解的理论更有损哲学家的尊严和品质的了。于是，西塞罗在《论诸神的本性》中遵循新学园派的辩证法，并以对话的形式有理有据地批评了伊壁鸠鲁派和斯多亚派关于神的各种观点。他在书中设置了四个人物：第一，威莱乌斯（Velleius），是一位伊壁鸠鲁派；第二，巴尔布斯（Balbus），是斯多亚派；第三，科塔（Cotta），代表新学园派；第四，西塞罗，他自己则保持中立。

总的说来，哲学家关于神的讨论起步于"神存在与否"的问题，进而阐释神的形象、神的家园和居所，以及神的存在和生活方式。大部分哲学家都认为神是存在的，并且指出人们都会本能地认同这一观点。但是，另一些哲学家却感到疑惑，觉得神存不存在是不确定的；甚至有哲学家根本不相信神是存在的。无论如何，只要

_____

① *DND* 1.1.

承认神是存在的，就必须进一步解释神的存在方式，以及神与世界的关系。就是说，必须言明"众神是否什么事都不做，是否不规划任何事，是否超然于世事变化之外，并不受各种事务所累；还是一切从一开始就都由他们创造和确立，并且由他们永远地支配和引领"①。

第一个登场的是威莱乌斯，他陈述了伊壁鸠鲁派有关神的观点。首先，伊壁鸠鲁坚称神一定存在，这是因为每个人天生就具有关于神的"前识"（*prolēpsis*）。所谓"前识"，是一种人的心灵天生就具有的内在观念或者根植于心中的知识的确定形式，没有这种内在知识就不可能有其他知识，也没有理性的思想或论证。此方的理据便是，若某观念为人所普遍赞同，则它是符合事实的；而神存在的观念的确为人所普遍拥有，那么神存在显然就是确切无疑的。不仅如此，人所具有的内在观念，即"前识"，还告诉人们神是"快乐和不朽的"。于是，伊壁鸠鲁称："有福而永恒的存在既不麻烦自己，也不给他者惹麻烦，因而它不受愤怒（ira）和喜悦（gratia）的驱使，这些意味着软弱（imbecilla）。"② 其次，神具有人的形象。这是因为"众神是至福的，并且没有德性（virtute）是不可能有福的，没有理性也不可能有德性，而理性也基于人形，那么可以确定众神是有人形的"③。再次，神不止一个，而是无数个。对此，威莱乌斯根据伊壁鸠鲁的"平等分配"（*isonomia*）概念加以

---

① *DND* 1. 2.
② *DND* 1. 45.
③ *DND* 1. 48.

解释。① 正是无限者或神的本性产生了万物中平等而普遍的对立，即平等分配。据此，有多少可朽的事物存在，那么也就有同样多不朽的神存在。最后，既然神是快乐者，那么他就不会深陷于各种劳心劳力的事务中。因此，神并非世界的统治者和管理者，世界的产生和变化不过是一个"自然的"过程。这里，伊壁鸠鲁表现出对神之权威的怀疑。他指出，人们一旦明白了没有任何事物能够激起神圣而不朽之神的愤怒，就会消除对神的权能和愤怒所抱有的一切恐惧。由此，当这些恐惧都消失了，人们理所当然就不会再畏惧那些来自天上的力量了。并且，既然神对整个世界没有任何影响，神既没有为自己设置不幸，也不想把不幸施于他人，那么人就不会受到神的束缚。于是，人就获得了自主生活的"自由"。正如威莱乌斯所言，伊壁鸠鲁把人们从对神的恐惧中拯救出来，恢复了人们的自由，人们不再畏惧诸神，而仅是"秉持虔诚和圣洁之心敬奉那卓越而高贵的（excellentem atque praestantem）神"②。

新学园派的代言人科塔称自己根本不接受伊壁鸠鲁派对于神性的看法。他批驳伊壁鸠鲁派证明神存在的"普遍信仰"或普遍观念，指出事实上并非"所有人"都相信神是存在的。同时，伊壁鸠鲁派贸然用原子论来解释神的性质及存在方式，但其实所谓的原子和虚空本身就有待证实。纵然原子是存在的，神也由原子构成，但这样一来就不能说神是永恒的了。按照科塔的解释，"因为那些由原子形成的东西是在某个时候产生的；如此一来，众神在诞生之前

---

① 参见 *DND* 1.50。
② *DND* 1.56.

就是不存在的了"①。如此，神既然某时由原子生成，那么也必然因原子的分离而灭亡。换言之，神既有开端，也有终结，他就不是永恒的了。再者，科塔指责伊壁鸠鲁派将神说成与人类似的存在——神"不是躯体但类似躯体"或"不是血液但类似血液"，无疑将神视为似乎存在又实际上并不存在的东西了。伊壁鸠鲁派之所以持有神人同形同性的观点，是依据以下三个理由：第一，一个人思考神的时候，心灵有一种固定的倾向，会将神想象成自己的形象；第二，因为神性分有各种完美的性质，所以他必定具有完美的形式，而最完美的形式莫过于人的形式；第三，理性只存在于人形中。对此，科塔一一进行了反驳。首先，事实证明，一个人思考神的时候并不一定将神想象成自己的形象。其次，人将自己设想为最高贵的生物是一种偏见。最后，如果说快乐在于美德，美德在于理性，而理性存在于人形，那么这就等于说快乐、美德和理性都依赖人形而存在。但是，这样与其说是神具有人的形象，不如说是人具有神的形象。这是因为"众神一直存在……相反，人类确实是生成的，因而人形应该在人类出现之前就存在了，存在于不朽的众神中"②。同时，按照伊壁鸠鲁的观点，一切事物都是原子偶然碰撞的产物。那么，这又将如何说明人"偶然地"具有神的形象？此外，神是快乐的，他就算不具有人的形象也应当是快乐的。而且，神是不朽的，因而那些人的形象中的肢体和器官对于神的不朽也没有任何意义。总之，将神说成与人的形象类似仅仅是一种"幻想"。

---

① *DND* 1. 68.
② *DND* 1. 90.

在神与世界的关系问题上，科塔揭露伊壁鸠鲁派的神是无所事事的。但是，伊壁鸠鲁派又宣称神是快乐的，而快乐在于美德。不可否认的是，美德需要在"活动"或行为中表现出来。因此，神如果没有活动，也就没有美德，因而也不会有快乐。同时，伊壁鸠鲁派认为，快乐既包括身体的快乐，亦包括心灵的快乐。但是，他们没有说神享有身体上的快乐（"感官刺激"），并且称这有损于众神的美德。因此，"既然人就其本性而言可以享受更多的乐趣，那么人就应该比神更配有幸福的生活"①。最后，如果神真如伊壁鸠鲁派所言不掌控人和世界，仅仅享受自己的安乐而无所事事，那么人就毫无理由尊敬神。如果神没有什么值得尊敬的地方，那么宗教作为一种崇拜神的信念就将遭受毁灭般的打击。

巴尔布斯将斯多亚派的神学分为四个部分：第一，神是存在的；第二，有关神的本性；第三，神如何统治世界；第四，神如何关心人类。首先，他列举了斯多亚派克莱安塞（Cleanthes）一系列证明神存在的证据。② 第一，人们可以预测未来的事件，说明整个世界是依据一定的规则或神的安排而运行的。第二，那些给人们带来莫大福祉的温和天气、陆地上丰硕的果实以及其他神的诸多恩赐也影响了人们对神的看法。第三，雷电、暴风、骤雨等异象展现出令人畏惧的巨大力量，因而人们意识到其中有某种神圣的上天权威在起作用。第四，也是最重要的一点，宇宙中的天体依据一定的轨道运行，日月交替和斗转星移的宏大而有序，这些天象确已表明它

----

① *DND* 1.112.

② 参见 *DND* 2.13。

们并非偶然的结果。此外，克律西波（Chrysippus）还提供了有关神存在的理性证明：如果自然中存在着人的心灵或理性，以及人的能力和力量所不能创造的事物，那么这些事物的创造者必然是一个比人还要卓越的存在者，而这个存在者无疑就是神。

接着，关于神的本性，斯多亚派主张，神具有感觉和理性，是"活生生的"存在者。并且，除了宇宙整体，没有比这个更伟大的存在者了。因此，宇宙必然是一个有生命的存在者，宇宙就是神。同时，神是球体。球体能够包容其他一切形体，是最完美的形状，而神是完美的，所以神也是球体。神的运动方式与天体一样，按照一定的规律，在多种轨道中始终保持时间和运动形式上的和谐一致。神是一位创造性的艺术大师，他的每件作品都遵循自己方法和原则，因而"就宇宙本身而言，它把所有的东西都囊括在内"[①]。于是，整个世界得以持续存在和发展，到处都充满了神的恩典。

最后，斯多亚派指出，"宇宙及其所有部分都从神意中得到了它们的初创秩序，并且在任何时候都由神意统摄"[②]。斯多亚派是从以下三个方面来论证的：第一，关于神存在的诸多证据业已表明神凭自己的意志统治着整个世界；第二，世界上的万事万物都受到一种有意识的自然力量的支配，被推动着不断完善自身；第三，根据天上和地上的各种"奇观"证明神无时无刻不在最高的意义上活动着。总之，既然神是存在的，那么就不能将其从整个宇宙的伟大

---

① *DND* 2.58.
② *DND* 2.75.

设计中排除出去。鉴于神的权威和力量，世界必然由神的智慧和预见统治。此外，预言的天赋是神为人类谋福利的最好证明，况且占卜早已广泛影响了人们公私领域的各项事务。斯多亚派还强调"不朽众神劳心劳力，精心筹谋也不单单为了整个（universo）人类，也是为了每个（singulis）人"①。总之，整个世界和全部人类生活都在神的注视下按部就班地运行与变化着。

新学园派的支持者科塔针对巴尔布斯的论证分别予以驳斥。据上述可知，斯多亚派认为，人们关于神存在的观念是以四种方式形成的。其中，第一种是预测未来的知识，第二种是自然灾难导致人们相信神存在。对此，科塔认为，人们有关神存在的"信念"是一种基于权威的传统观念，这不足以作为神存在的证明。并且，如果神是存在的这一观念为人们所普遍接受，那么为何还要费尽心力地反复证明呢？因此，这一理由并非"显而易见"，不能用于论证神的存在。另外，如果关于未来事件的预测或占卜可以证明神的存在，那么这无疑剥夺了人的"希望"，这是因为"一切都是命（fato）中注定的，命运意味着一切都永远真实"②。其实，所谓的占卜也常常被事实证明是错误的。问题的关键是，神存在与否的问题不同于是否有许多人相信神存在的问题。③ 同理，人们相信神存在不等于神事实上就存在。至于科塔对另外两点的驳斥，则被纳入对"神的意志"的讨论中。

---

① *DND* 2.164.
② *DND* 3.14.
③ 参见 *DND* 3.17。

　　科塔在批评斯多亚派对神存在的论证之后，就要进一步考察神的本性的问题了。在斯多亚派看来，神是一个有理性和意识的存在者，也就是"宇宙"本身。他们之所以将神与宇宙等同起来，是因为依据了"芝诺的三段论"①：

　　（1）凡是有理性的比那些没有理性的更优秀；

　　（2）没有什么比宇宙更优秀；

　　（3）因此，宇宙有理性。

　　但是，科塔称这是一个谬论，因为如果说"一个能阅读的存在比一个不能阅读的存在更优秀"，这甚至能推出"宇宙是能阅读的"。因此，不能称神就是宇宙。既然如此，那么也就不能将按照和谐秩序运行的天体算入神性之中。同理，对于上述克律西波的论证也是不成立的。再者，斯多亚派称神是伟大的设计者，但是科塔却说整个世界都有其自然的原因，自然"不是芝诺所说的'像工匠的方式运动'（artificiose ambulantis）的自然……而是通过自我运动和变化来推动并激发一切事物的自然"②。此外，科塔指出，神也并非不朽。因为世界上的一切事物都是可朽的，所以一切事物都是变化的。如果某物（神）是不朽的，那么它一定就是不变的了。但是，斯多亚派却说过，万事万物都是变化的。因此，神也是变化的、可朽的，而不是永恒的。还有，斯多亚派将"智慧"赋予神。但是，智慧是关于善和恶的知识，对于不会触及任何邪恶之事的存

---

① 参见 *DND* 3.22。

② *DND* 3.27.

在者，他没有必要在善和恶之间做选择①，因而神用不着拥有智慧。同理，他因为是无所不知的，所以也无需知识。这样一来，就只好设想一个没有理性也没有美德的神。然而，这又与完美的神不符——陷入矛盾中了。最后，科塔举出卡尔内亚德（Carneades）的一个连环推论：如果宇宙就是神，那么宇宙中的任何事物包括其中的"怪物"都会是神。要是仍然固执己见，那么宗教就会成为一个混乱不堪的大杂烩。

　　最后，科塔批驳斯多亚派关于神与世界之关系问题的观点。他认为，神赐予人"理性"。人们都在用理性行善或者作恶，但大多数人是在作恶。因此，"要是不朽的众神不将理性能力赋予我们，也总好过赐予这种能力却又牵扯出如此多的灾难"②。如果神赋予人理性的同时也要求人行善，那么他就会把"善"赋予那些能够合理使用理性的人。但是，这样的人很少，而且神也不会只要求很少的一部分人行善。因此，神没有要求任何人行善。就是说，既然人会恶意地误用神的恩赐，那么这就意味着神并未赋予人美德。并且，即使人们正当地使用了神的恩赐，也不能推知神的意图是善良的。其实，理性的善恶不取决于神，而取决于人们自己的善意或恶意。退后一步讲，只要神确实将理性赋予了人，他就必须对人经由理性所犯下的恶负责。这就好像，如果医生为病人开出药酒，而病人把它喝个精光却死了，而且这个医生本来知道这个可能的后果，那么他就必须为其开出的药方负责。进一步说，现实中无人是聪明

---

① 参见 *DND* 3.38。
② *DND* 3.69.

的或者无人能够变得聪明，这表明神甚至连"理性"都没有给予过人。另有众多的实例说明，神凝视着这个世界，却未对善恶做出区分。因此，他就不能对人的事务做出神圣的指导。最后，科塔回到新学园派的基本立场，称："这些就是关于神圣本性主题我不得不说的话，不是为了反驳神的存在，而是为了让你明白这个问题是多么让人头疼，是多么令人费解。"①

---

① *DND* 3.93.

翻译说明

1. 译文依据文本

本书的翻译依据 H. Rackham，M. A.，ed. & trans.，*De Natura Deorum*，*Academica*，in Loeb Classical Library（Cambridge，Massachusetts：Harvard，1933）；Brooks，F.，ed. & trans.，*De Natura Deorum*（London：Methuen，1896）。主要从拉丁语译出，并参考了其中的相关注释。

2. 译文使用符号

［Ⅰ1］此为文内段落标号，前一罗马数字代表"章"，后一阿

拉伯数字表示"段"。引述时按通行惯例一般表述为：文献缩略语＋卷数＋段数。例如，*DND*.1.1，即《论诸神的本性》第1卷第1段。

（）此表示相应的外语词。其中，希腊语用拉丁化写法，用斜体；拉丁语用正体。

〈 〉此表示译者根据文意所做的补充。

3. 文献缩略语

本书注释所涉及的参考文献一般直接译出书名，其中引用较多的主要文献则标注相应缩写。

缩写说明如下：

Ac.   *Academica*，*Academics*（《论学园派》）

Div.   *De Divinatione*，*On Divination*（《论预言》）

DND   *De Natura Deorum*，*On the Nature of the Gods*（《论诸神的本性》）

Fat.   *De Fato*，*On Fate*（《论命运》）

Fin.   *De Finibus Bonorum et Malorum*，*On Ethical Ends*（*On Moral Ends*）（《论目的》）

Off.   *De Officiis*，*On Appropriate Actions*（*On Duties*）（《论义务》）

...quibus sublatis perturbatio vitae sequitur et magna confusio，atque haud scio an pietate adversus deos sublata fides etiam et societas generis humani et una excellentissima virtus iustitia tollatur.（*DND* 1. 3 - 4）

……当这些崇高的东西都遭到损害，生活就会陷入或大或小的混乱；当对众神的虔诚消磨殆尽，我不知道忠诚、人与人之间的友善和作为美德之首的正义会不会也随之消逝。

目　录

第一卷

[I 1] 哲学中有诸多疑难尚未以任何方式得到令人满意的澄清，而布鲁图斯（Brutus）如你所明见，关于众神本性（de natura deorum）的探究却举步维艰，尤为晦暗不明。该探究升华人们对灵魂本性的理解，又为规范宗教习俗所必需。卓越的思想家们对此的观点莫衷一是、众说纷纭，强有力地证明了哲学的根源和起点是无知（inscientiam），而学园派哲人对模棱两可之事不做断言（adsensionem）是明智的。难道真的有什么事能比鲁莽更让人丢脸？还有什么事比怀有谬见或毫不迟疑地捍卫没根没据的东西更莽撞，更匹配不了哲人（sapientis）的尊严和高贵的品质？ [2] 关于该探究，在持各种各样看法的哲人中，更多的佼佼者都确认了众神的存在；这是最有可能的结论，我们都自然而然地倾向该结论；但普罗泰戈拉（Protagoras）却说他感到怀疑，梅洛斯的迪亚戈拉斯（Diagoras）和居勒尼的塞奥多罗（Theodorus）认为根本就没有神的存在。此外，那些声称众神存在的人也有着五花八门的观点和分歧，一一列举不免乏味。因为大多数观点都论及众神的形态，以及他们的位置、居所和生活方式，并且这些观点都引起了哲学家之间激烈的争论；而在这些问题里我们讨论的要点主要包含：众神是否什么事都不做，是否不规划任何事，是否超然于世事变化之外，并不受各种事务所累；还是一切从一开始就都由他们创造和确立，并且由他们永远地支配和引领。特别是，关于这些问题的观点针锋相对是不可避免的，除非这些都尘埃落定，否则人类便会卷入巨大的混乱中，乃至对至关重要之事一无所知。[Ⅱ3] 一直以来都有一些哲学家认为众神完全不管控人事，若他们的观点是对的，则何谈虔诚（pietas），何谈神圣（sanctitas），何谈宗教义务（religio）？这些都孕育于内心的赤诚，归因于众神的神性，也只有奉献的祭品源于此，并且一些事物由不朽的神授予人类，这才是有意义的。然而，如果他们既无力量也无意愿帮助我们，如果他们一点儿都不关心我们，也不在意我们的所作所为，如果他们不可能对人类的生活施加丝毫的影响，那么我们为何还要向不朽的众神致以敬意、献上荣耀或进行祈祷？此外，利用空洞而做作的信仰伪装，虔诚不会比其他美德更有立足之地；神圣和宗教义务也必将随着虔诚而消失。当这些崇高的东西都遭到损害，生活就会陷入或大或小的混乱；[4] 当对众神的虔诚消磨殆尽，我不知道忠诚、人与人之间的友善和作为美德之首的正义（iustitia）会不会也随之消逝。

但是，另一些哲学家，并且其中一些人声名赫赫，他们相信整个宇宙都由众神的心智（mente atque ratione）主导和统摄；不仅如此，众神也要为人类的生活建言建议和出谋划策（consuli et provideri）；因为他们认为，大地上的庄稼和其他果实、风雨雷电、春夏秋冬、天相变换，以及土地上所有物产的生长和成熟，都是不朽的众神赐给人类的礼物。他们举出了许多例子，这些将在本书中陆续被提到，它们恰好证明了不朽的众神为了人类的利益创造了一切！相反，卡尔内亚德（Carneades）为智力探索真理的渴望所激励，提出了许多反对这种观点的论证。[5]事实上，不仅在目不识丁的人之间，而且在学识渊博的人之间，也存在着如此明显的分歧。他们中意的观点如此莫衷一是又相互对立，这当然可能表明它们中没有一个是对的；而绝不可能的是，它们中不止一个是对的。

[Ⅲ] 在这些问题上，我会安抚诚心实意的批评者，也会平息恶意挑刺的人，让他们后悔编排我，并且让前者获得增进新知的机会。善意的抱怨必回以解释，恶意的中伤必予以驳斥。

[6] 然而，我在短期内创作了大量作品，我注意到，人们对此议论纷纷，其中的看法各有不同；一些人好奇我为何突然对哲学怀有热情，而另一些人迫不及待地想知道我对这类纷繁的问题有什么确切的观点。我还意识到，很多人觉得奇怪，是哲学而不是其他学问赢得了我的称赞。在他们眼中，哲学剥夺了我们的光明，给事物蒙上了一层阴影，并且我竟然为一种被遗弃和长期被忽略的学派做辩护。

不过，说实话，我并非才从事哲学研究。我早年就对此投入了大量的时间和精力——当我看起来最不投入的时候，反倒是我最用心之时——证明就是，哲学格言频繁出现在我的演讲中，我与博学之士往来密切，他们常让我的家宅熠熠生辉，那些学术领袖如迪奥多图（Diodotus）、菲洛（Philo）、安提奥库（Antiochus）和波西多纽（Posidonius）都曾为我指点一二。[7] 此外，如果所有的哲学学说都会外化于行，那么我相信于公于私我都是按照理性和学说（ratio et doctrina）所规劝的（praescripserit）原则行事的。[IV] 再者，如果有人问，是什么动机促使我这么晚才着力将这些原则付诸文字，就再也没有比这个更容易解释的问题了。此时正值我感到无所作为而萎靡不振，并且国家的局势到了需要个人的意志和指导来维系的关头。在此种情形下，我首先想到哲学应该为了国家的利益而被带到我们的同胞面前。因为我判定，一项如此重要和崇高的研究也应该在拉丁语文献中占有一席之地，这几乎关系到我们国家的荣誉和光耀。[8] 一想到自己激发了多少读者的热情，不仅学习哲学还研究哲学，我也就不大为自己的努力感到后悔了。事实上，好些在希腊学园受过训练的人无法与他们的同胞分享所学，因为他们不确定从希腊人那里得到的知识能不能用拉丁语表达出来。然而，我似乎已经在这个领域取得了如此重大的进展，以至于不会在词汇的丰富性上逊色于希腊人。[9] 另一个促使我从事这类研究的原因是命运的沉重打击而造成的心灵创伤。① 若能找到更彻底的解脱方式，我就不会专门以这种方式获得解脱了；但我没有比这种更好的解脱方式了，就是不仅专注于阅读，而且投身于考察整个哲学问题。

---

① 西塞罗的女儿图利亚（Tullia）在公元前 45 年 2 月中旬去世。——译者注

当此类问题被以写作的方式加以讨论时，它的所有部分和要素都最容易被识别出来；这是因为哲学的主题有一种显著的融贯和关联的特性，因而它的每一部分都相互依存，相互契合，联结在一起。

[V 10] 不过，一些人想知道我对每一个问题的看法，这就显得过于好奇了。因为在讨论中应当关注的与其说是权威，不如说是决定性的论证。事实上，那些好为人师的权威通常是求学者的障碍，使得他们自己不再做判断，而是把他们认可的老师所做的结论奉为圭臬。由此，我也一直不赞同人们口中的毕达哥拉斯派成员的套路。据说，当他们在讨论中做出了某种断言而被问及理由时，他们惯常的回答是"大师这样说了"（Ipse dixit），而"大师"就是毕达哥拉斯（Pythagoras）。先入为主的成见是如此根深蒂固，即使没有理性的支持，也能使权威占据上风。

[11] 再者，一些人想知道为什么我追随学园派而不是其他学派，我想我讨论学园派的四卷本著作①就足以回答了。当然，我奋力捍卫的并不是被抛弃和忽视的理论。思想不会因为某个人的死去而消亡，尽管这些思想可能已经没有了阐发者所赋予的勃勃生机。例如，学园派的哲学方法，即批判一切、不做定论，是苏格拉底（Socrates）始创的，再由阿尔克西劳（Arcesilaus）恢复，卡尔内亚德则使之巩固，并一直流传到我们的时代；但我也看到这种方法目前在希腊本地却几乎是一个弃子！② 不过，我认为，这并非学园

---

① 该书指西塞罗的《学园派（书卷）》（*Academici libri*），一般译为《论学园派》。——译者注

② 学园派的最后一位官方掌门人菲洛逝世后，柏拉图学园又在安提奥库（Antiochus）的带领下流行一种"独断的"哲学。——译者注

派之过，而是人的懒惰使然。这是因为，如果让人们自己理解单个的理论尚且棘手，那么去掌握整个理论就更为艰难了！但这正是学园派的分内之事，就是为了发现真理而对所有的哲学理论都做一番肯定或否定的评判。[12] 这项任务何其繁杂、艰巨，我不敢自诩已经完成，但我还是可以说自己试了一试。同时，学园派不可能无章可循地运用这种方法。对此，我在其他地方做了更为详细的讨论；但总有人冥顽不灵，我似乎要不断地敲打敲打。如此，我们学园派并不主张任何事物都不真实，而是说所有真实的感觉中都混杂着某些假象，它们彼此相似，以至于找不到确切无误的标志（nota）来分辨是非，表示赞同（adsentiendi）。① 我们由此得出结论：许多感觉或许为真（probabilia），它们虽然并不等于完全的知觉，却表现出了清晰明显（insignem et inlustrem）的特征，因而智者可以借以指引生活。

[VI 13] 然而，为了免受不怀好意的责难，我将列出哲学家们关于众神本性问题的种种看法。我认为，就这一主题，全世界的人都应聚拢起来，看一看、谈一谈哪种观点是对的。要是所有哲学家的观点都被证明是一致的，或者有人的观点被发现已经得到证实，那么我会承认学园派的自以为是。因此，我想用《青年朋友》（Synephebis）② 中的话大喊：

> 众神啊，不朽者呀，城里人、长袍者，听听我的呼唤；

---

① 相反，斯多亚派认为真假感觉之间有确切无误的区分"标志"（sēmeion，nota，signum）。由此，人们自然而然地"赞同"真理。

② 斯塔修斯（Caecilius Statius）的喜剧，译自米南德（Menander）的剧作。

> 我祈求、请求、恳求、乞求、哭求并哀求庇佑我们所有的
> 同胞吧，庇佑所有的青年——

这不是为了一些琐碎小事，就像剧中角色抱怨的那样——

> ……一个交际花拒绝从她的恩客那里捞金，
> 便在风月场中犯下了重罪！

[14] 但是，为了让他们都出庭，审视这些例证并做出判决，我们应当如何认识宗教义务、虔诚、神圣、祭礼、荣誉和誓言，以及如何认识庙宇、神殿、国祀，并且认识我本人主持的那些占卜①；因为诸如此类的事情都取决于不朽众神之本性的问题。肯定的是，即使那些自认为拥有某些真知的人，当看到大多数训导者在如此重要的问题上表达出各种截然不同的观点时，也不得不转而感到犹疑。

[15] 我经常在很多场合都注意到这些不同的观点，但最多的还是在友人蔡乌斯·科塔（Caius Cotta）的家里彻底而详细地讨论该主题的时候。我应他的邀请在拉丁节造访，看见他坐在大厅外的一个休息处，忙着与议员蔡乌斯·威莱乌斯（Caius Velleius）讨论。当时，威莱乌斯被伊壁鸠鲁派认作指派到我们中间的首席代言人。昆图斯·卢西留斯·巴尔布斯（Quintus Lucilius Balbus）也在场，他精通斯多亚派的哲学，其才华可与在这方面领先的希腊人媲美。

科塔见到我，便向我打招呼："你来得正是时候，我同威莱乌斯为一个重要的主题发生了争执，想到你在这方面很感兴趣，你不

---

① 西塞罗在公元前 53 年被推选为祭祀团成员。

参与进来就太不合适了。"

[Ⅶ16]"如你所言,"我答道,"我来得正好,三个学派的主要人物都在这里碰头了。要是马库斯·庇索(Marcus Piso)① 也在场,那么无论如何都不是一个而是绝大部分的哲学观点都有自己的代言人了。"

科塔说:"如果我们优秀的安提奥库在他最近献给巴尔布斯的著作里道出了真理,那么你就用不着为你的朋友庇索的缺席而感到遗憾了,因为安提奥库认为斯多亚派和漫步派在本质上一致,只是在表达上(verbis)有所差别。巴尔布斯,我想知道你是怎么看待这部著作的。"

"我吗?"巴尔布斯答,"我感到惊讶,一个像安提奥库这样眼光犀利的人竟没发现斯多亚派和漫步派之间有着很大的不同。不仅在称谓(nomine)上,而且在整个特征(genere)上,斯多亚派都要将真正可敬的事物(honesta)同那些相比占优的事物(commodis)区分开来;漫步派却将它们归在一类,仅在重要性(magnitudine)和层次(gradibus)上对它们做出区分,二者本质上没有不同。这不是言辞上的细微差别,而是本质上的截然有别。[17]不过,我们他日再谈;现在,如果你不反对,就让我们继续已经开了头的讨论吧。"

"我当然不反对,"科塔喊道,"但是为了让我们才来的朋友"——向我一瞧——"不会对当前的话题一无所知,我来解释解

---

① 庇索代表漫步派。——译者注

释，我们正讨论众神的本性呢。我一直觉得这是一个特别晦涩的问题，我们让威莱乌斯讲讲伊壁鸠鲁（Epicurus）在这方面的看法吧。那么，威莱乌斯，要是你不介意的话，"他继续说道，"你就再来开个头吧。"

"行呀，"威莱乌斯说，"尽管这位朋友不是来当我的助手，而是要当你的帮手的。"——他朝我笑了笑——"那是因为你们都受教于菲洛，从他那里学到了：什么都认识不了（nihil scire）。"

我回答说："至于我们学到了什么，那是科塔的事，可千万别把我想成他的盟友。我是一个倾听者，不带偏见，不做是非定论，也不受约束，要贸然地为哪种固有的观点做辩护。"

［Ⅷ18］威莱乌斯开场了，表现出他所在学派的人一贯所秉持的自信，生怕对任何观点流露出些许怀疑，就好像才从伊壁鸠鲁所谓的处在"中间世界"（intermundia）的众神盛会那里下来。① 他说："不要听信那些无根无据的虚幻想象；不要相信存在世界的构筑者和建立者，就像柏拉图（Plato）在《蒂迈欧篇》（*Timaeus*）里讲的那种神；不要像斯多亚派那样把'pronoia'（用我们的话来说就是'神意'［providentiam］）打扮成卜卦的老神婆；不要把世界本身想成具有思想和感觉的、圆鼓鼓的、闪耀着光辉的、不断旋转的神——这些都是神叨叨的哲学家想出的天方夜谭。［19］你们尊崇的权威柏拉图为何并且何以看到世界这一伟大作品的构成，并且由这种构成推知整个世界是由神明加工和建造的？他哪来的如此

---

① 伊壁鸠鲁称，众神寓于物质世界之间的空旷空间。

庞大的材料？其中使用的工具、杠杆、机械和动力是什么？此外，气（aër）、火（ignis）、水（aqua）和土（terra）如何顺从建筑师的意志？那五种'原形'（formae）从何而来，可以演化出其他元素，还如此适合地印刻在心灵上并产生感觉的？① 把他所有的理论都讲完，就太无趣了，因为这些大多是白日梦，而非事实。［20］绝佳的例子就是，他把世界不仅描绘为生成的世界，还声称它是被创造出来的，并且永不毁灭。现在，某人想象任何创造出来的事物都可以永存，难道你不觉得这类人就像谚语所说的，只是在'*physiologia*'即自然哲学问题上动动嘴皮子而已？因为哪有不被分解的聚合，事物哪会有始却无终？卢西留斯，至于你的'*pro-noia*'（神意），如果它和我们一直在讨论的神力是一类，那么我就要再问一问刚才的问题：整个世界的动力、机械，以及安排和秩序是什么？相反，如果它是另一种东西，那么我会问：他为什么要让世界易于毁灭②，而不是使其永存，就像柏拉图的神所做的那样？［IX 21］另外，我向你们二位③询问，为什么这类神力突然出现，成了世界的创建者，他们沉睡了漫漫长年，却不继续睡下去；因为如果没有世界，也就没有时间。我现在所说的时间并不是指那些通过年复一年的流转且由日日夜夜组成的时段，因为我承认若无斗转星

---

① 参见柏拉图《蒂迈欧篇》中的解释。五种"原形"是棱锥形、立方形、八边形、十二边形、十八边形。它们分别是元素火、土、气、以太、水的形状。此外，心灵和感觉器官由五种元素组成，而这些元素本身就是感觉对象，因而称其"适合地印刻在心灵上"。——译者注

② 这里暗指斯多亚派所谓的世界将一次又一次毁于大火（conflagration）。——译者注

③ 指巴尔布斯和柏拉图。

移，也就不可能存在这个意义上的时间。但是，相距无限远就意味着永恒，这种特征从其跨度上是可以想见的，尽管它不能用时段来衡量。[22] 那么，我问你巴尔布斯，为什么你所谓的'神明'在这无限的时间内无所作为？他是逃避劳动（laboremne）吗？但神并不会受此影响，也不会受任何烦扰，因为所有的元素，空中的气，以及由火、土地和海洋组成的实体都顺从神圣的意志。此外，神又为什么要像一位市政官一样将这个世界装扮得星光熠熠、流光四射（signis et luminibus）呢？如果他这样做是为了更好地安顿下来，那么显然他先前永世都生活在一个黑黢黢的小屋里！我们可否设想他是后来才从我们俯仰可见的装扮得多姿多彩的天地中获得快乐的？神明能从中得到什么乐趣？如果他确实享受了乐趣，那么他就不可能在没有这种乐趣的情形下生活那么久。[23] 还是像你们学派一直所断言的，这个宇宙是神为人类创造的？这是为了造福智者吗？如此，这不过是为了一小撮人的利益，用得着这样兴师动众?! 那么，为了蠢人咯？但是，神明首先没有理由对弱者仁慈；其次，见到众多蠢人命运凄惨，这与他何干？其一，他们不幸是因为他们自身的愚蠢，我们能说什么比愚蠢更不幸呢？其二，生活中不如意之事十有八九，智者通过善的平衡来缓解它们带来的烦扰，而蠢人既不能对外摆脱，也不能在内解脱。[X] 至于那些宣称世界本身就洋溢着生机并充满智慧的人①，他们远没有理解到理性智慧的本质究竟以何种形象显现②；对此我稍后会提到。[24] 至此，

---

① 指柏拉图和斯多亚派学者。——译者注
② 例如，伊壁鸠鲁派认为神明具有人的形象。——译者注

我不会羞于表达对那些蠢汉的诧异，他们认为世界是生机勃勃的存在物，是不朽的、受到庇护的和球形的，因为柏拉图说过没有比球形更美的形状。不过，我却觉得圆柱体、正方体、圆锥体或者三棱锥更美。那么，他们把何种存在方式归于球形的神？为什么说神以一种令人无法想象的速度旋转着？但是，我在其中却没有看到坚定的心智（mens constans）和幸福的生活（vita beata）可以立足的地方。并且，为什么神在这种情况下不应被认为是痛苦的（molestum），因为哪怕最些微的旋转在我们身上都会被证明是痛苦的呀？至于大地，它既然是世界的一部分，那么当然也是神的一部分。但是，我们却目睹大地上有一片又一片不毛之地，有一些因阳光的暴烈而被烧焦，另一些则因离太阳太远而被霜冻雪打；如果整个世界都归诸神明，并且这些土地也是这个世界的一部分，那么神就是一部分冒着火气，另一部分散着寒气啰！

[25]"卢西留斯，这些本来是你们学派的观点，但我却要好好谈谈，一直追溯到它最初的源头。如此，米利都的泰勒斯（Thalēs）是第一个探究这一主题的人。他说水是万物的始基，又说神明是用水创造出万物的心灵——设想神明可以没有感觉而存在；如果心灵本身就可以脱离形体（corpore）而存在，那么他又为何除了心灵之外还提到了水？阿那克西曼德（Anaximander）的观点是，众神在漫长的轮次中生灭，演化出一个又一个世界。但是，除了不朽之外，我们还能把神想成什么样子呢？[26]其后，阿那克西美尼（Anaximenes）称，神是气，神业已存在，其广大无边，无始无终，运动不息；仿佛无形体的气就是神，但我们又确实明

白，神不仅应该有某种形体，而且应该有最美的（pulcherrima）形体；并且，他说得好像死亡不会降临到任何一个有开端的事物上一样。[Ⅺ]接着，阿那克萨戈拉（Anaxagoras）发展了阿那克西美尼的学说。他第一个提出了万物的秩序和尺度都是由无限心灵（mentis infinitae）的力量和智慧（vi ac ratione）规划与完成的。但他没有看到，在这种无限的事物中，也可能不存在任何与感觉相关联并相结合的运动；同时，一些事物自身的本性一直被他者影响着，却没有感知的能力，也没有一点儿感觉。接着，如果他将无限的心灵想成某种有生命的东西，那么就一定存在一些生命的内在原则，来证明它名副其实。但是，除开心灵，还能有什么更内在的部分？于是，只得给心灵加上一个外在的（externo）躯壳。[27]但这连他本人也不会允许；心灵是赤裸裸的、简简单单的，也不附带任何材质，以之作为感觉的器官，而这对于我们显得莫名其妙。克罗顿（Croton）的阿尔克迈翁（Alcmaeon）把神性赋予日月星辰，也赋予灵魂，却没有意识到自己将不朽赋予了可朽之物。① 至于毕达哥拉斯，他认为灵魂（animum）贯穿并渗透了万物的全部本性，而我们每个人的灵魂都是其中的一部分。他却没有注意到，由于人类灵魂的分有，神圣的灵魂已经支离破碎，并且当人类灵魂受苦时，也就是神圣灵魂的一部分在受苦，而这是不可能的。[28]此外，如果人类的灵魂是神圣的，那为什么它却对任何事情一无所知呢？再者，如果神明不过是纯粹的灵魂，那么他是如何被放置（in-

---

① 伊壁鸠鲁认为，星辰和灵魂都是由原子组成的，因而会分解。

fixus）或灌注（infusus）到整个世界的？然后，色诺芬尼（Xe-
nophanes）认为万物的无限集合与心灵相结合，共同构成了神。这
种观点很主观。他在心灵自身的问题上受到与其他人相同的责难；
而在无限的问题上，他会招致更加严厉的批评。这是因为无限者也
可能没有感觉，也不能同任何外部事物相结合。至于巴门尼德
（Parmenides），他引入了一个类似皇冠的臆想之物（用他的词是
'斯特凡'［*Stephanē*］），即一轮环绕天宇的连绵不断的明亮火环，
他称之为神；但没有人能想象出这其中有神圣的形式或感觉。他也
在其他方面夸大其词；他说神是战争、纷争、欲望以及其他同类事
情的罪魁祸首，这些都可能会因疾病、睡眠、健忘或年老而终结。
他在星辰问题上也是如此，但我在讨论其他哲学家时已经批评过
了，就不必赘言了。［Ⅻ 29］恩培多克勒（Empedocles）在许多问
题上都犯了错误，而最难以置信的错误是他在神性问题上犯下的。
他相信，四种自然元素复合成万事万物，因而是神圣的，但这些元
素显然是生成的，最终会湮灭，并且没有一点儿知觉。普罗泰戈拉
称自己关于众神没有什么明确的观点，不论他们存在还是不存在，
或者有什么特征：他似乎在神性问题上全然不知。至于德谟克利特
（Democritus），他一时用众神的数量比对事物的形象及运动，一时
将神归为分散和放射出万物影像的自然力量，一时幻想着神流溢出
我们的悟性和理智——难道他没有陷入最大的谬误吗？当他进一步
肯定，没有什么是永恒的，因为任何事物都不能以自我同一的状态
一直存在，难道这不与神性相悖，否定了神存在的持续性吗？阿波
罗尼亚的第欧根尼（Diogenēs）把气说成神，但气哪有知觉或神圣

的形式呢？［30］柏拉图对此的观点有多么不融贯（inconstantia），讨论起来就又多又长了。他在《蒂迈欧篇》中说，我们叫不出这位世界之父的名字；在《法律篇》（*Leges*）中也称，我们根本不应该对神性进行任何考察；而在《蒂迈欧篇》和《法律篇》中，除了我们从祖先的宗教信仰中继承的神明之外，他还将神性归于世界、天空、星辰、地球、人的灵魂。这些观点错得明明白白，也自相矛盾。此外，他相信神不借助任何躯体而存在，就像希腊人说的'*asomata*'（非物质性的）。但是，没有形体的神是难以想象的，因为这种神一定没有感知（sensu），没有审慎（prudentia），没有快乐（voluptate），没有我们心中关于神的所有品质。［31］色诺芬（Xenophon）也犯了同样的错误，只是把话说得简短了些。他在对苏格拉底的回忆中①，称苏格拉底认为神的本性不应成为探究的主题，却又断言太阳和灵魂都具有神性，有时说神是一个，有时又说神是多个。这些说法犯的错误与我们谈论柏拉图时提到的错误几乎相同。［ⅩⅢ32］接着，安提斯泰尼（Antisthenes）在题为《论自然哲学家》（*Physicus*）的著作中宣称，虽然大众信仰着许多神，但仅存在一个神，那就是自然，这否定了众神的力量（vim）和本性（naturam）。斯彪西波（Speusippus）也极其相近，他追随他的叔叔柏拉图。他试图夺走我们心中有关众神的知识，把神描述为一种万事万物都由之引导的能动力量。［33］亚里士多德（Aristotle）在他《论哲学》（*De Philosophia*）第三卷中的观点混乱，与他的老

---

① 即色诺芬的《回忆录》（*Memorabilia*）。

师柏拉图的学说〈没有〉差别。① 在文中，他有时把绝对神性归结于心灵，有时又把世界本身当作神，有时指出世界居于某种力量的支配之下，并赋予它一种权能，可以通过一种逆向移动来规范和维持宇宙的运动②；有时他说空中的热气（caeli ardorem）③ 就是神——这没有理解天空是世界的一部分，而他又在别处给世界本身冠以神的名号。而且，他何以将神圣的意识赋予那一直迅疾移动着的天空呢？如果我们把天空算作神，那么哪里找得到其他众神落脚的地方呢？这时，他只能进一步坚称神是没有形体的，但这就完全剥夺了神的意识和思虑。此外，如果神没有形体，那么他是如何移动的？另外，如果他一直在动，那么他又如何能享有平和（quietus）与幸福（beatus）？［34］亚里士多德的学友色诺克拉底（Xenocrates）在此类问题上也没有显得更高明。其著作《论诸神的本性》（De Natura Deorum）对神圣形式并没有什么出色的描述；他的说法是，有八个神，其中五个就是我们所说的五大行星；有一个由空中的所有恒星形成，仿佛由许多零散的四肢拼接而成，我们将其视为一个单一的神；太阳算作第七个神，第八个神是月亮。但是，我们却无法想象这些神是如何意识到幸福的。庞图斯（Pontus）的赫拉克利德（Heraclides）也属于柏拉图学派，他的著述里

---

① 该书现已佚失。"没有"是必要的修改，因为安提奥库将漫步派的学说与柏拉图的思想视为一致的，而西塞罗又常常持有同样的看法；尽管这种补充性的说法由伊壁鸠鲁派的发言人讲出来确实不大合适。

② 亚里士多德在解释行星的不规律运动时将其描述为以相反方向旋转的球体；本处的"replicatio"（逆向移动）或许就是对此类"反向运动"（counter-rotation）即"aneiliksis"的翻译。但是，这一概念是否扩及至整个宇宙，并不清楚。

③ 即"以太"（the aether）。

充斥着幼稚的神话。他有时相信世界是神，有时又相信心灵是神；他还将神性赋予行星，从而剥夺了神的感觉，并将神的形态描绘成变化的；而在同一本书中，他又将大地和天空纳入众神之中。[35] 提奥弗拉斯图（Theophrastus）的矛盾同样让人受不了。他在此处将至高无上的神性归诸心灵，在彼处又将之归诸天空，还在别处将之归诸空中的繁星和星座。他的学生斯特拉托（Strato）被称为自然哲学家，同样也不值一提。他认为所有的神圣力量都寓于自然。他说，自然包含了出生、生长和腐烂的原因，但缺乏一切知觉和形态，正如我们可以提醒他的那样。

[XIV 36]"巴尔布斯，说到芝诺（Zeno），现在就回到你的斯多亚派了。他认为，自然法则（naturalem legem）是神圣的，其功能在于裁断（obtinere）正义，禁止枉法。然而，我们却无法理解他如何将此种法则变得活生生的（animantem），因为我们无疑希望神是一种生命物。他在别处把神说成精细的气（aethera）。如果神被理解为无感觉的东西，那么当我们祈祷、祈愿和发誓的时候，神绝不会向我们显圣。在另外的著作中，他认为遍布于一切自然的理性（rationem）具有神圣的力量。他还把同样的力量赋予星辰，有时也赋予年、月和一年四季。再者，赫西俄德（Hesiod）的《神谱》（Theogony）讲了众神的诞生。芝诺对其的解读简直终结了关于神的习以为常的观念，因为他赶走了朱庇特（Jupiter）、朱诺（Juno）、维斯塔（Vesta），以及诸如此类的神，指出这些名称是在比喻意义上表示静默和无生命的对象。[37]芝诺的学生阿里斯托（Aristo）持有同样错误的观点。他认为神的形式是不可理解的，

否认神的知觉，其实对神是不是生命物犹疑不决。与芝诺同时并受教于他的克莱安塞（Cleanthes）有一次称世界本身就是神，另有一次把这一名称赋予心灵和作为整体之自然的理智，还有一次发现了不容置疑的神，他是燃烧着的稀薄的气，被称作'以太'，遍布至高无上处，在外层环绕并包裹着宇宙。此外，在反驳快乐主义的著述中，他像失了心智一般喋喋不休。他一会儿想象神具有某种形状和形式，一会儿赋予星辰最完满的神性，一会儿又声称没有什么东西像理性一样神圣。结果是，那个为我们心灵所理解的神，那个我们想使之与我们心中的理想相一致就好像印章与印迹相契合的神，化为乌有了。[ⅩⅤ38] 芝诺的另一个学生培尔赛俄斯（Persaeus）声称，那些为生活文明（vitae cultum）做出重大贡献的人被尊为神，并且那些有用的和有益的实实在在的东西都被冠以神之名。如此，他连这些东西是神的作品都不乐意说，而称它们本身就是神。不过，还有什么比把神性的荣耀赋予那些卑贱丑陋的东西，或把死翘翘的人安插进众神的行列，以致宗教信仰充斥着哀号更荒唐的事吗？ [39] 克律西波（Chrysippus）被公认为斯多亚派之幻想（somniorum）的最杰出的阐释者。他纠集了一大群未知的神明——我们甚至都想不出他们的样子和特征，尽管我们的心灵似乎有能力想象出任何事物。他对我们说，神圣力量寓于理性之中，寓于作为整个自然的灵魂和心灵之中。并且，他称世界本身就是神，是神的灵魂在全宇宙的流溢。他把在心灵和理性中运转着的，并与万物的共同本性相符合的，全世界的同一主导原则（ipsius princi-patum）称作神；把无所不包的整体性称作神；把命运的强力（fatalem vim）和统治未来事件的必然性（necessitatem）称作神；此外，他还把我先前称作'以太'的火，以及那些自然形态处在流变中的元素，如水、土、气、太阳、月球、星辰和统摄一切事物的普遍存在者称作神；甚至还将获得永生的人称作神。［40］他论证，我们称作朱庇特的神是'以太'，而尼普顿（Neptune）是弥漫在海上的气（aera），所谓的刻瑞斯（Ceres）是土，并且用相同的方式对待其他众神之名。他把朱庇特视为持久永恒的律法，作为我们生活的向导和义务的督导，视为命运的必然性和未来事件的永恒真理，但如此这般的说法没有哪一个似乎表现出了神圣的特征。［41］以上是他的著作《论诸神的本性》第一卷所包含的观点。在此书第二卷，他意在将俄耳甫斯（Orpheus）、缪塞乌斯（Musaeus）、赫西俄德和荷马（Homer）的神话同他自己在第一卷表达的神学观点相调和（accommodare）。如此一来，那些没有这些想法的古代诗人也被改造成斯多亚派了。在这个方面，他为巴比伦的第欧根尼（Diogenēs）所继承。在题为《论密涅瓦》（*De Minerva*）的书里，他把朱庇特的分娩和童贞女神的诞生与神话分开，并将其解说成有关自然过程的寓言。［XVI 42］我已经粗略解释了究竟什么与其说是哲学家的判断，不如说是疯子的胡言乱语。事实上，这些说法不会不如诗人夺口而出的话荒谬，它们同样引人入胜，但却是害人的根源。诗人向我们展示出那些怒火中烧、欲火焚身的神明，我们得以目睹众神的战争、争斗、竞争和伤害，还有他们的怨恨和世仇、他们的错乱、他们的诞生和死亡、他们的抱怨和哀叹、他们肆无忌惮地耗费自己的激情、他们的通奸、他们的囚禁、他们与人类的媾和，以及从一个不朽者身上产下一个凡人的后代。[43]参照诗人们的错误观念，还可以算上东方三博士的怪谈、埃及人的类似妄想，以及普罗大众的迷信。这些都是源自无知的胡言乱语。

"任何一位觉得这些学说何其草率而鲁莽的人都应该对伊壁鸠鲁抱有敬意，也把他列入那些我们所考察的对象。① 这是因为只有他最先领会到神的存在，称自然本身已将神的概念印刻到所有人的心灵中。哪个民族或种族没有关于神的'原初观念'（anticipationem），即使其没有受过教育？这种观念被伊壁鸠鲁称作'*prolēpsis*'（前识），即由心灵所预想之事物的一般形象（informationem），若无它，则任何东西都无法理解，无法研究，无法讨论。我们从伊壁鸠鲁的《论准则》（De regula）这部受到神的点化而写就的书中获知了此推理过程的力量及其价值（utilitatem）。[ⅩⅦ44]你瞧，我们已为研究主题打下了坚实的基础。既然对神的信念并非受制于训令、习惯、法律，并且这种坚贞不渝的共识（consensio）无一例外地遍及所有人，那么我们就必然推知神的存在，因为我们内在地乃至天生地持有关于他们的概念，并且所有人天然共有的信念也必定是真的。因此，我们必须承认神是存在的。既然所有人都确实认可这一真相，不仅哲学家如此，而且非哲学家亦复如是，那么我们就必须承认下述观点也是成立的，即我们怀有关于神的'原初观念'或者如我前面提到的'预先概念'（praenotionem）。（因为我们不得不用新词汇来指称新概念，就像伊壁鸠鲁本人在以前无人用过的意义

---

① 例如，卢克莱修（Lucretius）将伊壁鸠鲁视为神明，参见《物性论》（De Rerum Natura）5.8。

上使用了 '*prolēpsis*' 一样。） ［45］我觉得，我们具有这样一种'前识'，让我们相信众神是有福的和不朽的，因为这种本性赋予我们众神的信念，也同样将他们是永恒而有福的（aeternos et beatos）观念镌刻在我们的心灵上了。若是如此，这条伊壁鸠鲁的著名格言就是真知灼见了——'有福而不朽的（beatum et inmortale）存在既不麻烦自己，也不给他者惹麻烦，因而它不受愤怒（ira）和喜悦（gratia）的驱使，这些意味着软弱（imbecilla）'。

"如果我们要的只是对众神的虔诚敬奉和对迷信的祛魅，那么我们所说的就足够了；因为众神的崇高秉性是永恒而至福的，他们本身就会得到人们的虔诚敬奉（因为一切卓越的存在理当激起敬仰之情）。再者，对神力和天怒的所有恐惧也会随之消弭（因为可以理解的是，愤懑和怜爱不容于有福而永恒的本性，并且这些情绪一旦消除，就没有什么恐惧可以凭其强力侵袭我们了）。不过，为了坚定这些信念，心灵还试图探寻神的形态（formara）、生活方式（vitae actionem）及理智活动（mentisque agitationem）。

［ⅩⅧ46］"有关神的形态，天性给我们指示出（admonet）一部分，其余部分则由理性告知（docet）。就人的天性而言，我们中的任何一个种族都不会将除人之外的形态归于众神。不管我们是醒是睡，众神还曾以其他面目示人吗？不过，我们用不着将所有情况都归因于原初观念，理性（ratio）本身也会表明（declarat）同样的东西。[47]最高贵者，无论是因其有福还是因其永生，都应当是最美的——这一点似乎是恰当的；怎样的肢体，怎样的神态，怎样的轮廓或外貌，能够比人的还要美？无论怎样，卢西留斯，你们

斯多亚派不像我的朋友科塔那么摇摆不定。你们习惯于指出人体的各个部分构造得多么高妙，既美观又实用，从而展现了神圣造物主的心灵手巧。[48] 如果人形优于其他所有生命物，而神也是有生命的，那么神一定拥有这一绝美的形象。此外，还有一点是可以想见的：既然众神是至福的，并且没有德性（virtute）是不可能有福的，没有理性也不可能有德性，而理性也基于人形，那么可以确定众神是有人形的。[49] 但是，这种形态并非肉体（corpus），而是'类肉体'（quasi corpus）；没有血液，只有'类血液'。

[XIX] "伊壁鸠鲁的这些猜想过于精深，表达也过于晦涩，并非每个人都能弄明白。但我仍指望你们聪慧，可让我的阐述比论题的实际需要更加精简。伊壁鸠鲁不仅洞察了玄妙深奥的问题，还把它们处理得像是触手可及的东西，他告诉我们：众神的实质和本性是通过心灵而非感觉体悟到的，并且也不是坚实的（soliditate）或者可计数的（numerum）东西，就像那些因其紧实而被伊壁鸠鲁称作'steremnia'的固体。相反，他们可设想为那些因其相似性和连续性（similitudine et transitione）而被感知的影像（imaginibus），因为那些从神明涌向我们的原子和原子流构成了无限系列的类似影像，我们的心灵要满心欢喜地死盯着它们，以便理解众神有福而永恒的本性。[50] 再者，无限者的伟力也值得认真仔细地反思。我们必须理解，这种力量构成了万事万物总体上的等量和平衡，即伊壁鸠鲁所谓的'平等分配'（isonomia）。由之推得，凡人的数量有多少，永生者也就有多少；如果毁灭的（interimant）力量不可胜数，那么保存的（conservent）力量也必定是无限的。

"巴尔布斯，你们斯多亚派常常问我，众神的生活是什么样子的，他们是如何打发时光的。[51] 显然，无法想象还有什么生活比他们的更幸福，还有谁比他们享有更为丰富的东西。神什么事都不做，不被任何事情纠缠，不受劳作之苦，乐享自己的智慧和德性，所以他沉浸于最大的和永恒的幸福中。[ⅩⅩ 52] 我们是对的，这种神才是有福的，你们斯多亚派的神累死累活得像个奴隶。如果世界本身就是神，那么还有什么比一刻不停地绕着天轴，并以不可思议的速度旋转更不安宁？然而，没有歇息（quietum）就没有幸福。此外，如果有些神存在于世界之中，统治和指引世界，维系着天体的运行、季节的更替和世事的变迁，照料着大地和海洋，守护着人们的福利和生活——他们一定背负了苦不堪言的繁重劳役！[53] 相反，我们却明白，生活的福祉在于心灵的无干扰，以及所有劳作的免除。因为这位告知我们其余一切的人也教导我们，世界是由自然造成的，不需要什么工匠去构造它。你们学派所宣称的依靠神圣智慧才能完成的创造也不过尔尔，自然将会创造、正在创造，并已经创造了数不胜数的世界。但是，你们却没能看到自然如何无须借助心灵而完成的种种创造。你们就像悲剧诗人，当无法给剧情结尾时，便只好向神求助了。[54] 不过，如果你们意识到无边无际的空间延伸到四面八方，当心灵出神，驰骋得如此遥远、宽广，以至于看不到可以驻足的边界，那么你们就必定用不着神的介入了。这样，在这个长、宽、高均为无限的空间里，游弋着无穷无尽的原子，它们尽管被虚空隔开，但又通过彼此之间的吸引而联结在一起，由之构成相互联系的整体。由此，生成了万物的形象和轮廓（formae et figurae），这种在你们看来没有神的风箱和铁砧就无法锻造出来的东西。因此，你们在我们脖子上套上了枷锁，受制于永恒的暴君，这个让我们日日夜夜担惊受怕的君王。谁不害怕这个预见一切、洞察一切、关注一切，事必躬亲的大忙人和好事之徒？[55] 如此，就引出了你们的必然性或命运的观念，即你们所谓的 'hemarmenē'。它表明，无论发生什么，都源于永恒的真理和因果性的链条。但如果就像一个无知的老妪所相信的那样，万事万物都有其定数（fato），那你们的哲学还有什么价值？接下来是你们的 'mantikē'，拉丁语称作 'divinatio'（神谕）。如果我们乐意听从你们，那么这种迷信就会吞噬我们。这样一来，我们就不得不向预言家、占卜师、神谕祭司、先知和释梦人致敬了。[56] 但正是伊壁鸠鲁让我们免受迷信恐惧的煎熬，使我们解脱，因而我们不再害怕神，我们知道他既不麻烦自己也不给别人添麻烦，我们秉持虔诚和圣洁之心敬奉那卓越而高贵的（excellentem atque praestantem）神。

"不过，我却担心对这一主题的满腔热忱已让自己变得絮絮叨叨了。但是，我又不甘心放下这么重要而崇高的主题，虽然我应该多听听别人怎么说，而不是只图自己高谈阔论。"

[XXI 57] 对此，科塔带着他一贯的温文尔雅说："不，威莱乌斯，除非你说了些什么，否则也肯定不会从我这里听到些什么。我发现，证明事物为假总比证明其为真容易得多。刚才听你的发言，这种感觉就时不时地出现。如果你要问我如何看待众神的本性，我可能回答不了；但如果你问我，神是不是就像你刚才描述的那样，我会说似乎没有什么比这更不可能的了。然而，在讨论你的论证之

前，我想谈谈对你的看法。[58] 我经常听到你的朋友〈卢修斯·克拉苏（Lucius Crassus）〉称赞你出类拔萃的才能，说你无疑是伊壁鸠鲁学说在罗马的杰出传人，仅有几个希腊的伊壁鸠鲁派可与你比肩。但我想到他非常崇拜你，他的话就难免有些言过其实了，毕竟他是你的朋友嘛。不过，虽然我本人不愿当面称赞谁，但有些话不吐不快，就是你已经把一个晦涩而艰深的问题说得清清楚楚了。其中不乏旁征博引，而且你优雅的措辞已胜过你们学派的陈词滥调了。[59] 我在雅典的时候经常去听芝诺（Zeno）的演讲，我们这派的菲洛曾称他为伊壁鸠鲁派的领头人。其实，这是菲洛劝我去听的。因为我想，当我听了伊壁鸠鲁派掌门人对自派学说的阐释，我也许能更好地判断如何予以有力的驳斥。现在，芝诺的讲话并不像大多数伊壁鸠鲁派那样，却像你那样的清晰、连贯、优雅。不过，我在听你说话时也有一种听他说话时的感受。我很气愤，（恳请原谅，）如此聪明绝顶的人竟会掉入这些微不足道且愚蠢至极的想法里。[60] 这里，不是说我自个儿可以提出什么更好的观点。像我刚开始说的，在几乎所有主题上，尤其在自然哲学上，我会更容易指出哪里有错误，而不大容易说出哪里是对的。[XXⅡ] 如果你问我神是什么，或者他的本性如何，我就该恳求西蒙尼德斯（Simonides）这位权威了。当僭主希罗（Hiero）向他提出同样的问题时，他要求用一天时间来考虑；当这个问题在第二天又被提出来时，他请求再宽限两天；于是，他不断地给宽限的时间加倍，希罗这时好奇地问他为什么要这样。他回答说：'因为我考虑的时间越长，我就越想不清楚这个问题。'但据说，西蒙尼德斯不仅是一位讨人喜欢的诗人，而且在其他方面也是一个有学养、有智慧的人。我相信，他的脑海里一定闪现过太多敏感而又微妙的答案，这让他拿不准哪一个是最真实的，从而对所有真理都感到绝望了。[61] 至于你们的大师伊壁鸠鲁，（我更喜欢和他而不是和你讨论，）他说的话到底哪句算得上普普通通的常识（mediocri prudentia），更别说哲学了?!

"探究众神的本性，第一个问题就是他们存在还是不存在。我被告知：'否认其存在很难。'即使在公共集会上提出这个问题，我都会如此认为，更别说在当前这样一个私人谈话中了。我本人身居大祭司之职，认为公共仪式和纪念活动理应得到最虔诚的维护，我自然会很乐意相信众神存在这样一个基本的观点；该观点不仅是一种信仰，而且符合事实。这是因为，虽然有许多令人不安的想法冒出来，以至于我有时觉得神明并不存在，但请记住我与你的看法完全一致。[62] 我不会批评你们学派与其他哲学家的这些共同观点，因为几乎每个哲学家，乃至我本人都相信众神的存在。那么，我就不争论这个了，但恐怕你们提出的论证还不足以说明问题。[XXIII] 你说过，所有种族和民族都有同样的信念，如此我们就有足够的理由承认众神的存在。但是，此论证本身就不值一提，而且虚假。首先，你是如何知道哪些民族确实持有这种信念的？我确实感到，许多种族是如此野蛮，以至于没有一丝神的概念。[63] 那被称为'无神论者'（Atheos）的迪亚戈拉斯，还有在他之后的塞奥多罗，不都公然否认神的存在吗？你刚才提到那位当时最杰出的诡辩家阿布德拉的普罗泰哥拉。他因为在一部书的开头说了'关于众神，我既不能说他们存在，也不能说他们不存在'，就被雅典人裁决，驱逐出他们的城邦和领土，并且他的书也在集市上被烧毁。在我看来，很多人都不太愿意坦白自己不相信众神存在，因为他们看到普罗泰哥拉仅仅表示怀疑都没能摆脱惩罚。如此，那些不恭敬者、不虔诚的和作伪证的人，我们又该怎么看待呢？正如卢西留斯（Lucilius）所说：'要是卢修斯·图布卢斯（Lucius Tubulus）、卢普斯（Lupus）、卡波（Carbo），或者尼普顿的儿子相信众神存在，他们还会成为这样的不忠不孝之徒吗？'① ［64］你证明这种观点的理由并不像它看起来那样可靠。不过，其他哲学家也是这么推理的，所以我现在就跳过去了，来好好谈谈你们学派特有的观点。

［65］"我姑且承认众神存在，那么你告诉我他们从何时起源，在何地居住，他们的身体、思想和生活是什么样子的，这些我都想弄得明明白白。你的回答无非是扯出在什么问题上都管用的原子及其专横的统摄力量，就是你说的构成和创造万物的力量。它们就像俗话说的'露脸'了。但首要的是，根本没有原子这样的东西。因为没有任何东西可以脱离物体（corpore）……并且每个地方都为物体的一部分所占据，所以不可能有虚空和任何不可分割的东西。② ［XXIV 66］这些都是我在转述自然哲学家的神谕，至于真假，我一概不知，但无论如何都比你们学派的论述更有真理的味道。例如，德谟克利特有这样的惊人之语，或者在他之前的留基波（Leucippus）或许也有。他们称，存在许多粒子，其中一些是光滑的，另一些是

① 俗语"尼普顿的儿子"表示粗鲁、残暴的人。
② 此句原文有残缺。这里的"物体"强调的是其无限可分的特征。——译者注

粗糙的；一些是圆的，另一些是方的和锥形的；一些是钩状的，带着曲线。天空和大地都由它们形成，不是通过任何自然规律的强制，而是由于某种偶然的碰撞（concursu quodam fortuito）。威莱乌斯，这种信念伴随你大半辈子了，要你改变行动的原则都比让你摆脱对权威的迷信容易。事实是，在熟悉伊壁鸠鲁派的教义之前，你就下定决心成为一名伊壁鸠鲁派了。因此，你要么必须在精神上消化这些离谱的理论，要么就得辞去伊壁鸠鲁派的头衔。[67] 那么，什么才能迫使你不再充当一名伊壁鸠鲁派呢？你会说：'就我而言，没有什么能使我放弃真理以及生活幸福的道路。'这样说，你的理论就是真理了？说到生活的幸福，我不想有任何争论，因为你认为神没有生活的幸福，除非他因为无所作为而萎靡不振。其真理何在?! 我猜，是不是在无数的世界里，在每一个短暂的瞬间，一些东西正在产生，一些东西正在消亡？或者就是这些不可分的微粒，在不受任何自然和理智的统领下形成令人叹为观止的创造物？但我批评得太过了，竟忘记了我刚开始时对你的宽容。那么，我姑且承认万物都由原子组成，但我们探究的是众神的本性，它们之间差十万八千里。[68] 退一万步，就让众神由原子构成，那么他们就不再永恒了。因为那些由原子形成的东西是在某个时候产生的；如此一来，众神在诞生之前就是不存在的了。并且，正如你早先一再提到的柏拉图的宇宙观那样，如果众神有其开端，那么他们就必定有所终结。那么，你们赋予众神的至福和永恒的属性何在？当你想证明他们确实有这些属性的时候，你就会寻求一些故弄玄虚的托词；你刚才就摆出了这样的套话：神没有肉体，却有类肉体；神没有血液，却有类血液。

［XXV 69］"这就是你们学派一贯的伎俩，你在发表了一些不合适的言论，又企图逃避责任时，就用一种绝对不可能的论据来论证；那么，你最好放弃这个有争议的论点，而不要如此鲁莽地刻意辩护。譬如，伊壁鸠鲁看到，如果原子以自身重量下落，那么我们就没有什么自由意志了，因为原子的运动受制于确定性和必然性（certus et necessarius）。因此，他要找到一种摆脱（德谟克利特显然没有注意到的）决定论的方法：他说，原子虽然以自身的重量和重力（pondere et gravitate）垂直下落，但会稍微偏斜（declinare）。［70］这种辩护比他放弃自己的立场更令人怀疑。他采纳了与逻辑学家一样的方法。他们规定，在公式为'要么是，要么不是'（aut etiam aut non）的所有析取命题中，其中一个选项必然为真。但他忧心忡忡，如果有以下一种命题，即'伊壁鸠鲁明天要么活着，要么死亡'，则其中一个选项必定成立。因此，他全然否认'要么是，要么不是'命题的必然性。还有比这样更蠢的吗？阿尔克西劳曾经抨击芝诺，他本人坚持认为感官生成的所有印象都是假的，芝诺却说只有一些是假的，而非全部。伊壁鸠鲁则担心，如果有一个是假的，那么就没有什么会是真的了：他因而宣称所有的感官都报告了真理。所有诸如此类的论证没有哪一个是得当的，因为它们都不过是丢了西瓜，捡了芝麻。

［71］"他也用同样的策略处理神性问题。为了避免众神成为原子的聚集物，生怕神会魂飞魄散，他便称众神没有肉体，只有类肉体；没有血液，只有类血液。［XXVI］令人惊奇的是，一个预言家

不会笑话另一个预言家；但更令人吃惊的是，你们伊壁鸠鲁派竟然可以对同学派的人也忍着不笑。'没有肉体，只有类肉体'，如果它是指蜡或黏土的塑像，我还能理解，但我不能理解把'类肉体'和'类血液'用在众神身上。威莱乌斯，你也是不理解的，只是你不愿意承认罢了。

[72]"事实上，你们仅仅复述了伊壁鸠鲁的梦呓，就像是在上他的听写课。他在著作中吹嘘自己从来没有老师。即使他没有宣告事实，我也应该相信他，就像我应该相信一个烂房子的主人吹嘘他没有建筑师一样！因为他丝毫没有学园派和吕克昂的影子，甚至都算不上这些学派的普通学童。他或许了解过色诺克拉底的哲学——天哪，他是什么样的哲学大家！有人认为伊壁鸠鲁确实听过，但他本人却含糊其词，而我再也找不到比这个更可信的说法了。他说，他听过柏拉图的学生帕菲鲁斯（Pamphilus）的课，就在萨摩斯（Samos）。那时他还年轻，和父亲、兄弟一起住在那里，他的父亲涅厄克勒斯（Neocles）是作为一个殖民者去那里的，但靠务农没能支撑起生活；我相信，他经营了一所学校。[73]然而，伊壁鸠鲁对柏拉图的这位追随者极其不屑，所以他生怕欠了什么师生债。还有，他对待德谟克利特的门徒瑙西芬尼（Nausiphanes）也是这样。他虽然不否认听过瑙西芬尼的课，但却用各种各样的辱骂来攻击此人。但要是他没有听过这些关于德谟克利特的讲座，那么他听了些什么呢？伊壁鸠鲁的自然哲学中有什么不是来自德谟克利特的？诚然，他改造了一些东西，比如我刚才提到的原子偏斜的情况。但是，其他观点也被更多地保留了下来，比如原子、虚空、影

像、无限的空间、无数的世界，及其产生和灭亡，而这些几乎构成了自然科学的全部内容。

[74]"不过，说说吧，你是怎么理解'类肉体'和'类血液'的？你比我更熟悉这些事物，对此我不仅承认也心平气和地接受。而这些事物一旦被口述出来，为什么我们当中的某位能够理解，而另一位却不能？好吧，我明白什么是肉体，什么是血液，但却根本不明白什么是类肉体，什么是类血液。这该不会是你对我有所保留吧，就像毕达哥拉斯过去对无知者所做的那样，或者像赫拉克利特（Heraclitus）那样故意含糊其词地说话。但如果我们之间是畅所欲言的，那么你自己明白的也没有比我多多少。[XXVII 75] 我看到你的论点是，众神拥有某种形态（species）——没有紧凑性、坚固性、浮雕感或突出感，不混含杂物，也是恒常的、透明的。因此，我们这里说的这些也正是我们描述科斯岛的维纳斯（Venus）时所说的。该形象不是肉体，而是像肉体的东西；那泛着白光的东西不是血，而是某种血的类似物。同理，我们也可以说，在伊壁鸠鲁的神那里没有任何真实的东西，而只有某种类似真实的东西（similitudines rerum）。不过，即便假设我相信那些尚不能理解的说法，也请给我展示一下你那些捏造出来的神明（adumbratorum deorum）的形象和特征吧。[76] 在这个问题上，不乏论据，你会很乐意借着这些论据来证明众神是具有人形的。第一，因为我们的心灵形成观念和'前识'，这让人一想到神，就会把人形赋予神；第二，因为就神的本性而言，既然他在所有方面都是杰出的，那么他就应该拥有最美的形象，而再没有比人形更美的形象了；第三，你

引入了这样的论点：其他形象不可能成为心灵的永恒居所。［77］现在，我请你们依次考察这些论证，因为你们在我看来仿佛在行使一项自己的权利，而实则僭取了一种无论如何都不成立的假设。首先，难道真有这样一个人，对这个世界茫然无知，竟然没有发现：人形归诸众神是由智者编造出来的谎言，他们这样做是为了更容易将未经训导的心灵从堕落的生活中拯救出来，从而崇敬神明；或者是出于迷信，给人们提供一种形象，好让大家相信如此就能接近神明了？此外，诗人、画家和匠人也强化了这种倾向，因为他们发现模仿除人形之外的其他形象来展现众神在行动和生活中的形象并不容易。也许，你提到的那种想法（opinio）也起了作用，我指的是，人类相信自身是最美的。但是，难道你看不出，我聪明的自然哲学家，天生是个钻营的掮客（conciliatrix），并且可以说，善于逢迎？难道你认为在陆地上或海洋中有什么生物不对自己的同类生出最满意的情感吗？若非如此，为什么公牛不能与母马结合，种马不能与母牛结合呢？难道你相信鹰、狮子或海豚喜欢其他生物的形象胜过喜欢自己的？如果自然也以同样的方式要求人类相信没有什么形象比人形更美，这种感觉也会成为我们认为神人同形的原因——难道很奇怪吗？

　　［78］"难道你不相信要是动物都有理性，每个物种都会把卓越归于自己吗？［ⅩⅩⅧ］不过，（如果非要让我说说自己的看法，）虽然不是妄自菲薄，但我并不敢妄称自己比那头劫持公主欧罗巴（Europa）的公牛更英俊。这是因为我们正在考虑的是轮廓和形象，而不是智力，或者人类的口才（orationibus）。事实上，如果我们

乐意为自己发明和组合出某种形象，那么你应不应该拒绝变成深海里那个立身游行的半人半鱼的海洋生物特里同（Triton）呢？进一步说，本性的力量如此强大，以至于没人想变成除人形之外的任何形象。[79] 不，我想蚂蚁也不愿意变成除蚂蚁之外的任何形象吧！那么，问题是：他长得像什么样子的人呢？因为只有少数人长得俊俏；我在雅典的时候，几乎找不到一个英俊的小伙子（epheborum）。① 我明白你为什么发笑，但事实就是如此。另外，我们中的那些喜欢年轻人的人，就像古代哲学家告知我们的那样，甚至会发现年轻人的瑕疵（vitia）也是迷人的。'男孩手指上的痣讨得阿尔开乌斯（Alcaeus）的欢心。'一颗痣是身体上的污点。但对阿尔开乌斯来说，它似乎是一个装饰。那位与我们同时代的并且是我的朋友和同事的昆图斯·卡图卢斯（Quintus Catulus），其父亲卡图卢斯（Catulus）恋着你的同乡罗司基乌斯（Roscius）。于是，他写下了这样的诗句：

> 我碰巧站在那里，
> 致意黎明的升起，
> 罗司基乌斯猛地出现在左边；
> 天国的力量请饶恕，
> 凡人似乎比你更俊。

对他来说，罗司基乌斯更俊，尽管他当时和现在一样是十足的斜眼（perversissimis oculis）。但是，如果他的爱慕者觉得斜眼也迷人，

① 指 18 岁至 20 岁的男青年，他们在雅典有受训卫戍的义务。——译者注

或者越看越讨人喜欢，那又有什么关系呢？

[80]"我们回到众神的话题上来吧。[XXIX]我们是否认为，众神中的任何一位即使不像罗司基乌斯那样斜眼，也仍然有一些眼病，或长着一颗痣，或生了一个大鼻头，或扇着一副招风耳，或横着两条粗眉毛，或立着一个大脑袋，或带一些存在于我们当中的那些缺陷吗？还是众神的一切都很完美？你们承认后者是对的吧。众神都千人一面吗？如果不是，一个人的外表应该比别人的更美，因而一些神就没有极致的美貌（pulcherrimus）了。要是他们都一模一样，那么学园派一定会在天界大受欢迎，因为如果神与神之间没有区别，那么众神中就无所谓知识（cognitio）和领悟（perceptio）了。

[81]"威莱乌斯，我们一想到神，立马浮现在我们脑海中的唯一形象就是人形，要是你的这个假设完全是不真实的，那该怎么办？你还会为这些谬见辩护吗？对我们来说，也许正如你所说的，因为我们打小就认识了朱庇特、朱诺、密涅瓦（Minerva）、尼普顿、伏尔甘（Vulcan）、阿波罗（Apollo）和其他神，画家和雕塑家早就为我们固定了众神的形象，并且描绘了众神的装饰、年龄和服装。然而，埃及人、叙利亚人和几乎整个蒙昧世界的人都不太了解他们。你会发现，他们有些人更为坚定地信仰某种动物，胜过我们在圣庙里的虔诚和对众神的信仰。[82]因为正如我们所看到的，许多神殿惨遭同胞的掠夺，众神的形象被推下神坛，但哪怕埃及人羞辱鳄鱼、朱鹭或猫这类事都闻所未闻。那么，你怎么看呢？难道埃及人没有将圣牛阿匹斯（Apis）视为神吗？它当然是神，就像你

们的救世主朱诺一样是神。你从来没有见过朱诺不穿山羊皮，不带长矛，不挂小盾，并且不着鞋履，纵使你在睡梦中。然而，无论在阿果斯（Argos）还是在罗马，她的形象都不是这个样子。因此，朱诺是以不同的形象出现在阿果斯人、拉努维乌姆（Lanuvium）人和我们罗马人面前的。① 此外，我们的朱庇特在卡比托利欧山（Capitolinus）神庙里的形象也不同于非洲人的朱庇特即阿蒙神（Hammon）的样子。［XXX 83］那么，作为一名自然科学家，一个探索和追求自然的人，却在充斥着日常习惯的心灵（animis consuetudine）中寻找真理的证据，你不感到羞愧吗？按照这些证据，我们可以说朱庇特总是留着胡子，阿波罗没有胡子，密涅瓦有灰色的眼睛，尼普顿有蓝色的眼睛。那座出自阿尔卡梅涅斯（Alcamenes）之手的雄伟的伏尔甘雕像矗立在雅典，披着长袍，直立着，略显出尚不构成残废的跛子形象。因此，既然我们对这种模样的伏尔甘习以为常，那么我们也会把众神都看成跛子。现在，请告诉我，众神确确实实有我们给他们取的名字吗？［84］但首要的是，人类有多少种语言，神明就有多少个名字。伏尔甘在意大利、非洲和西班牙的称谓都不尽相同，不像你，无论去哪里，都叫威莱乌斯。其次，哪怕在我们大祭司的典籍（pontificiis）中，众神的名字也不算多，但你却说众神的数量是无限的。有些神没有名字吗？因而，你们伊壁鸠鲁派不得不回答，众神的形象是相同的，凭什么说他们拥有各种各样的名字？威莱乌斯，你确实不知道的时候就坦诚

---

① 在拉努维乌姆人那里，与朱诺类似的神明是索毕达（Sospita）。——译者注

自己的无知，总比你胡言乱语连自己都恶心好得多吧！你真的以为众神像我一样，或者像你一样？你当然不会这么以为，对吧？

"我能说太阳、月亮、天空就是神吗？因而它们也是有福的吗？它们到底享受了什么福分，就这样有福了？它们聪明吗？那么，智慧怎么就寓于这类无感觉的东西之中了？这些都是你们学派所反对的呀。[85] 那么，如果神像我所说的一样不具有人形，也不像你们所相信的那样具有刚才提到的那些形象，那么是什么让你们在否认众神存在方面如此犹疑不决？是你不敢否认吧。你的不敢否认也有几分智慧——尽管在现在这样的场合没有你害怕的人，对，你害怕的是众神本尊。我本人知道伊壁鸠鲁派敬拜每尊神像（sigilla），尽管我也清楚有些人相信伊壁鸠鲁实际上确已放弃了神明，只是为了不引起雅典人的不满，仍然在表面上维护着众神。因此，在他言简意赅的格言集，就是你称之为《要义》（Kyriai Doxai）的那部书中，我记得其中的第一句格言如下：有福而不朽的（beatum et inmortale）存在既不麻烦自己，也不给他者惹麻烦。[XXXI] 有些人认为，伊壁鸠鲁如此表述这句格言是有意给人留下一种文风隐晦的印象；其实是他们误判了，伊壁鸠鲁根本不会在这方面要滑头。[86] 令人疑惑的是：他的话是说某种有福而不朽的本性确实存在呢，还是说如果存在，会是他所描述的那样？他的批评者没有注意到，虽然他在这里说得含混不清，但他在很多别的地方都不这样，而他和梅特罗多洛（Metrodorus）会像你刚才那样把话说得明明白白。事实上，他相信众神确实存在，我从来没见过谁比他更害怕那些他所谓的无须惧怕的存在，我指的是死亡（mortem）和神明

(deos)。恐惧不会让普罗大众警醒，而他却称恐惧游荡在每一个活着的人心中：成千上万的人拦路抢劫而被处以死刑；还有一些人有多少神殿就抢多少而魂命归西；我想，这就是借助对死亡和众神的恐惧来惩戒罪行！

[87]"但是，'既然你不敢否认众神的存在，'我会对伊壁鸠鲁说，'那么是什么拦着你把太阳（solem）、地球（mundum）或者一些永恒的智慧（mentem）算入神的行列？'他会说：'我从来没有见过有理智（rationis）和意愿（consiliique）的心灵寓于人形之外的任何一种东西之中。'我问：'嗯？难道你没见过像太阳、月亮，或者五大行星这样的东西？太阳运行的轨道固定在一个圆环的两个极点之间，它旋转一周就是一年；月亮因太阳的光芒而明亮，并在一个类似的轨道上运行一周就成了一个月；五大行星维持相同的轨道，不过一些离地球近，一些离地球远，但都从同一起点开始运行而完成了各自周期的行程。[88] 你见识到其中的不同了吗，伊壁鸠鲁？没有?! 那就不要有太阳、月亮和星辰，因为除了我们触摸或看到的东西，什么都没有。那么，难道你见过神明吗？为什么你还要相信他们存在？同理，让我们拒斥那些由传说或推测涌现在我们面前的新鲜事吧，就像劝告内陆人不要相信海洋的存在。这说明你是多么孤陋寡闻！譬如，如果你出生在塞利弗斯岛（Seriphus），而且你从未离开岛半步，你在岛上常见到的是小野兔和狐狸，那么有人为你描述了狮子和黑豹，你就不会相信它们确实存在；并且，要是有人说到了大象，你多半会觉得这是在哄你。

[89]"至于你，威莱乌斯，你已经用三段论的形式进行了论

证，就是把你们学派惯常的方法换成了逻辑学家的方法，而你和你的朋友伊壁鸠鲁派对这个论证的逻辑一窍不通。你假设众神是有福的，我同意。接着，你又说无德则无福。［ⅩⅩⅩⅡ］对此，我也同意，非常同意。接下来，你又假设无理性则无德性。这一点也必须承认。你继续说，理性只在人形中才找得到。你觉得谁会同意？如果这是事实，那么为何你还要一步一步地论证呢？你有权这么假设。但你这一步又一步论证的理据何在？我知道，你是通过这样的手段推进的，就是从有福的存在推到德性，再从德性推到理性，但你是如何从理性推到人形的呢？这里，你不再有步骤地往下走，而是一蹴而就了。

［90］"事实上，我确实不明白为什么伊壁鸠鲁会说神就像人，而不是说人就像神。你会问这有什么不同，因为你会说如果一物与他物相像，那么他物也与此物相像了呀。我承认这一点，但我的意思是，众神并没有从人类那里获得形象，因为众神一直存在，也并非生成的，就是说，他们是永恒的。相反，人类确实是生成的，因而人形应该在人类出现之前就存在了，存在于不朽的众神中。因此，我们不应该说众神具有人形，而应该说我们自己的形象来自众神。

"不过，随便你同不同意这种说法。现在我要问，到底碰到了什么好运气（fortuna），因为你根本不承认事物是由具有某种本性的存在者设计而成的。好吧，我说过不再提这个问题了，但究竟是什么'偶然'（casus）起了作用？［91］怎么会有这样凑巧的原子组合产生，人就以众神的形象出现了？我们是不是要假想众神的精子从天上落在了地上，人就出生了，便与他们的祖先长得一样了？我倒是希望你这么讲，这样我就得心甘情愿地承认人与众神的亲缘关系了，就不会说我们与众神的相似是偶然的了。

"难道有必要寻求证明来反驳这个观点吗？但愿我发现揭露真理能像揭露谬误一样容易。［XXXIII］我将继续现身说法——揭露谬误是多么轻而易举。你列举了从米利都的泰勒斯以来的所有哲学家在神性问题上的观点，如此准确而完备以至于引起了我的好奇：诸如此类的观点在罗马存不存在？［92］难道你认为他们称神无手（manibus）无脚（pedibus）是疯子的胡言乱语？想到四肢在人身上的特殊用途（utihtas）和适用（opportunitas），连这样都不能让你相信众神并不需要人类的四肢吗？不走路，脚有什么用；不抓物，手有什么用；身体上的其他部分没有什么是无用的，没有什么是无效的，没有什么是多余的，因而任何技艺都无法模仿自然的匠心独运，对吧？这样一来，神即使有舌头，也不会说话；有牙齿、上腭和喉咙，也用不着；自然为人体提供的生育器官，他有也是徒劳的；由此，不仅体外的部分是这样，而且心、肺、肝和其他体内器官也是如此。如果这一切对神来说都是无用的，那么众神还有什么魅力呢？我之所以这样问你，是因为你们学派觉得这些身体上的部分是美的，才将它们归于众神。

［93］"难道伊壁鸠鲁、梅特罗多洛和赫尔马库斯（Hermarchus）真的用如此这般的臆想反驳毕达哥拉斯、柏拉图和恩培多克勒，甚至连交际花勒翁蒂乌姆（Leontium）也敢写出反对塞奥弗拉斯特的文章？他的写作风格无疑是纯粹的阿提卡风味（sermo），但

又怎么样呢！伊壁鸠鲁的花园派就是这般肆意妄为的，你可以为了自己的利益有所抱怨，这稀松平常，但芝诺简直骑到法律头上去了。至于阿尔布修斯（Albucius），我没有必要说他。说到斐德罗（Phaedrus），虽然没有什么能损害他温文尔雅且彬彬有礼的形象，但只要我说了什么尖刻的话，这位老人就总会发脾气。伊壁鸠鲁下流卑鄙地诽谤了亚里士多德，还可耻地辱骂了苏格拉底的弟子斐多（Phaedo）。他用尽全部著作生吞活剥提谟克拉底（Timocrates）这位他的密友梅特罗多洛的兄弟，仅仅由于他们在某个哲学问题上有一些分歧。他甚至对德谟克利特忘恩负义，他还是此人的学生哩。他受不了他的导师瑙西芬尼，拒不承认从导师那里受益匪浅。〔XXXIV〕确实，芝诺不仅攻击了他同时代的人，如阿波罗多洛（Apollodorus）、西卢斯（Silus），以及其余的人，还将哲学之父苏格拉底说成阿提卡的小丑（scurram Atticum），并且只用阴性形式的‘克律西帕’来称呼克律西波。〔94〕而你自己刚才像审查官点名一般呼唤一位又一位哲学巨擘，那时也把这些出类拔萃的人物称作白痴、傻瓜和疯子。不过，要是他们都不知道众神本性的真理，恐怕这种本性本来就不存在。

"至于你们学派的说法，则全然是虚构的，连等下做工的老妇人几乎都不屑讨论。因为你没有意识到，如果我们同意神人同形的观点，你们将被迫承担起多少责任。人类所有锻炼和保养身体的方法都必须见诸众神——他们得行走、跑步、仰卧、弯腰、坐着、抱着，最后还要说话和交流。〔95〕我不必多说你将众神分为男女的做法，因为你明白这意味着什么。就我而言，我想不明白你们的创始人伊壁鸠鲁是如何想出这些观点的。同时，你们不断呼吁，无论如何都要维护神的福祉和不朽。好吧，要是他没有两条腿，那什么折损得了他的福祉呢？为什么这种品质——不管我们称之为'he-atitas'（幸福）还是'beatitudo'（福祉），这两个词听起来都不顺耳，用它们不过是为了字从句顺，随便用什么吧——不能归诸天上的太阳、我们的这个世界，或者一些永恒的没有形体而有智慧的存在呢？［96］你们的回答不过是'我从来没有见过一个有福的太阳或世界'罢了！好吧，难不成你还见过彼处的世界？你会说没有见过。否则，为什么你不敢具体地数出世界成百上千，而是说世界多得数不过来呢？你说：'是理智教会了我。'鉴于我们所寻求的是一种卓越的品质，即有福而永恒，并且只有包含了它们的本性才是神圣的；那么，相比众神，我们在不朽性方面就已经被超越，因而在心灵的聪慧方面也会被超越；同理，我们在心灵方面被超越，那么我们在身体方面也会被超越：为什么理智不教你这些呢？此外，既然我们在其他方面都处于劣势，那么我们在形象方面又怎么会平等呢？其实，人类最接近神的是德性（virtus）而不是人的形象（figura）。［XXXV 97］［（让我们的讨论更进一步，）你还能找到什么事情能像否认在红海或印度存在各种各样的大型动物一样幼稚？不过，哪怕并非最勤勉的研究者都能收集这类信息，了解到存在于陆地、海洋、沼泽和河流中的大量生物；好吧，就让我们否认它们的存在，因为我们从未见过它们呢！］

"那个有关外形相似（similitudo）的论证已经跑题了，而你却对它心满意足。难道狗不像狼吗？正如恩尼乌斯（Ennius）所说，

'低等的猿猴多像我们呀'。但是，这两个例子的特征是不同的。在野生动物中，没有比大象更聪明的了，但还有什么像它一样行动迟缓呢？[98] 我说的是动物的情况，难道在人类自身当中就没有外表（formis）相似而品性（mores）不同或者品性一样而模样（figura）有别的情况了？威莱乌斯，如果我们曾经认可这样的论证，那么它又会将我们引向何方？你声称，理性存在于人形中；而另一些人却认为，理性只能存在于地球上的某物中，此物曾经出生、生长、受训，并且由心灵和一副会腐朽又会生病的皮囊构成——简而言之，理性存在于终有一死的人之中。如果这些例子中提到的所有属性都能支撑起你的论证，为什么仅有形象这种属性引起了你的注意呢？如你所知，理性和智慧存在于人之中，仅与我才提到的所有属性联系在一起；但是你却说，如果他们的外貌被保留下来了，而这些属性都被消除了，你仍然可以认识神。事实上，要是这些特征没有了，那什么都留不下来。这并不能给你的论证增添砝码，而不过是掷骰子，掷到什么就说什么。[99] 其实，除非你都没注意到，人和树一样，任何多余的或没用的最好都丢掉。多一根手指就太多太难受了！为什么？因为这五根手指不需要再添上一根来使用或装饰。但是，你的神不只多了一根手指，还多了一个头、喉、颈、腹、背、膝、手、脚、股和腿。要是像传说讲的那样，他拥有这些是为了确保其不朽，那么我问：这些肢体和器官以及脸本身对于他的生活有什么意义？脑、心、肺和肝当然重要，因为它们是生命之所系，但脸与生命活力没有半点儿关系。[XXXVI 100] 然而，你们却在辱骂这样的人，当环顾宇宙的四面八方，仰望天宇，俯察大地，展望海洋，并且眺望装点它们的太阳、月亮和星辰的时候，当记录着季节的来临、变化和交替的时候，他们从如此壮丽和辉煌的成果来判断，设想出一种宏大而崇高的力量存在，是这种力量创造了万物，左右、控制并指引万物的演化。纵然，他们想得过于天马行空，但我仍能理解他们遵循的原则；但你们，从那些由神的智慧创造出来的伟大而惊人的作品中，能指出一个来充当众神存在的证据吗？你们说：'我们关于神的观念，根植于我们的心中。'对，还有一个长着胡须的朱庇特的观念，还有一个戴着头盔的密涅瓦的观念；如此，难道你们相信神明真的符合这个观念吗？［101］这个问题，就连无知的大众都能答得更好。他们不仅为神插上了四肢，还赋予神运用四肢的能力，因为他们提供了弓、箭、矛、盾、戟和锤子。他们哪怕没有见过众神的行动，无论怎样也不会把众神想成无所作为的（nihil agentem）存在。即使是我们嘲笑的埃及人，也从来没有把那些对他们没有用处（utilitatem）的动物奉为神明。例如，朱鹭身材高大，双腿坚实，长喙尖利，可以猎杀众多毒蛇；西南风刮来了利比亚沙漠的翼蛇，朱鹭将其杀死并吞掉，于是埃及免受瘟疫之灾；蛇在，人们不受蛇咬；蛇死，人们不受臭熏。我也可以聊一聊埃及蝾、鳄鱼和猫的作用，但我不想赘述。最后我说，动物被野蛮人神化，至少是为了换取好处（beneficium），而在你们的神那里，不仅没有让人获益的行动，连任何形式的行动都没有。［102］伊壁鸠鲁说：'神没有什么事情可做。'想一想，我们必须这样理解：神就像一个被宠坏的孩子，对于他再也没有什么比懒惰更好的事了。［ⅩⅩⅩⅦ］然而，孩子就算很懒惰，也会玩一些游戏来消遣；我们是不是希望神度着长假，变得懒懒散散，生怕他要是动了一动，就不快乐了？这种说法不仅否定了神的运动，剥夺了神事，而且也会招致人类的懒惰；如果这个说法是对的，那么神纵然在活动，也不会感到快乐。

[103]"然而，我们承认神存在，并如你所愿具有人形，是人的翻版。那么，他在哪里居住（domicilium），在哪里驻足（sedes），在哪里安身（locus）？接着，他的生活轨迹怎样？像你所要求的那样，有什么事让他蒙福？我之所以这样问，是因为，他如果是有福的，那么必定使用和享受着自己的财产。至于他的所在，即使是没有生命的元素，也有一个属于自己的地方。大地居于最下方，水流漫过；上方归于空气；至上处则属于'以太'的火焰。至于动物，有些生活在陆地上，有些生活在水里，还有第三类是两栖的，生活在这两个地方。也有一些事物据认为是火创造出来的，经常被看到在炽热的炉子里来回窜动。[104]我首先问，你的神住在哪里？其次，如果他真的挪动过，那么什么动机导致了他位置的变动？再次，如果有生命的存在者总是在追求适宜自身本性的东西，那么神在追求什么？最后，他是为了什么目的操练自己的心灵和理智？总之，他的福祉和不朽的本质是什么？无论你讨论哪一点，你都会感到棘手，因为你的推理根基不牢，故而无法推出任何有效的结论。[105]你称，神的形象是由心灵（cogitatione）而非感官（sensu）知晓的；又说其形象没有坚实性（soliditatem），也没有不变的自我同一性（numerical persistence）；还说要理解这种形象，就要识别影像的相似性及其在我们面前的来回移动，并且要看到相

似的影像不断地从无数的原子那里涌现出来；结论就是，集中观察这些影像，我们的心灵会相信神的本性是有福的和不朽的。[XXXVIII]现在谈谈这些我们正在讨论的神明，他们到底意味着什么？如果他们只能给人的思维留下印象，如果他们的形象没有坚实感和浮雕感（eminentiam），那么我们不妨像冥想半人马（Hippo-centaur）一样去冥想神。因为这类心灵图像无一不是其他哲学家嘴里的空洞臆造，但你却说它们是抵达并进入我们心中的某种影像。[106]同样地，我仿佛看到提比利乌斯·格拉库斯（Tiberius Gracchus）在朱庇特神庙里慷慨激昂地演说，并晃动着投票罐，要求为解决有关屋大维（Marcus Octavius）的议题投票，我会解释这是心灵不真实的想象；而你们却说格拉库斯和屋大维的影像本来就一直存在，因而当我进入朱庇特神庙的时候，他们的影像才感染了我的心灵。因此，按照你的说法，神也是如此，其形象不断地撞击着我们的心灵；由此，我们才相信神明是有福而永恒的。[107]姑且承认有一些影像撞击着心灵，但这不过是影像向我们指示出某种形象以及关于这些形象的细节而已；为什么影像还会指示出这些形象是有福而永恒的呢？

"然而，你们的这些影像的性质是什么，它们从何而来？事实上，这些奇思怪想转借于德谟克利特；但早就遭到了许多人的责难，而你也不会找到任何令人满意的解释，因为整个论证都是一瘸一拐的。想想所有人的影像在我面前连番登场——荷马、阿尔基洛克（Archilochus）、洛摩罗斯（Romulus）、努玛（Numa）、毕达哥拉斯和柏拉图，他们带着活着时候的样子出现！真的，有什么说法会这样一无是处？这些人物如何向我表明身份呢？现在来的是谁的影像？亚里士多德告诉我们，诗人俄耳甫斯从未存在过；毕达哥拉斯派习惯认为，我们熟知的'俄耳甫斯诗篇'是凯尔科培斯（Cercops）的作品。但是，就你所说的，俄耳甫斯，他的影像经常出现在我的心灵中。[108] 还有一些事实，你怎么看？同一个人的影像在我的心中和在你的心中不一样。我们的心灵里存在某些事物的影像，但这些事物从未存在过，也根本不可能存在，如斯库拉（Scylla）和奇美拉（Chimaera），以及我们从未见过的人、地方和城市。影像在我想事的时候出现，而当我睡着了也会不期而遇。威莱乌斯，这一切都是错觉（nugatoria），只是你不满足于仅仅将影像投射到我们的眼里，还要把它塞进心灵——你对自己说了什么废话满不在乎！[XXXIX 109] 你真够荒唐的！〈你们伊壁鸠鲁派认为，〉有一股现象之流不断地在我们面前淌过，其中的许多现象构成了我们感知到的某种感觉。很惭愧，我确实不明白这句话是什么意思，如果你们捍卫这一观点，也知道其中的深意，你们如何证明影像是一个接一个的？要是承认它确实如此，那么它如何是永恒的？我们被告知：'原子的供应无穷无尽。'那么这就可以让一切不朽了吗？于是，你们在平衡（equilibrium）——若无异议，这个术语可以表示'*isonomia*'——中求得庇护。你们说，既然存在可朽的本性，那么就一定存在永生的本性。根据这一论证，既然一些人是可朽的，那么就有一些人永生；既然有人生于陆地，那么就有人生于水中。你说过：'既然有一些毁灭的力量，那么就会有保存的力量。'这毫无疑问，而它保存的是存在的东西，但我不认为你们的众神是存在的。[110] 但无论如何，你们所有对象的图像到底是如何从原子形成的？① 即使这些粒子存在——其实它们不存在，尽管它们也许能够相互撞击，并通过撞击在彼此之间运动，它们也无法造出形象（formare）、轮廓（figurare）、颜色（colorare）或生命（animare）。因此，你们完全证明不了神的不朽。

[XL] "现在，让我们考虑一下神的福祉（beato）。没有德性，全然不可能有福祉；但德性本质上是活跃的（actuosa），而你们的神却无所事事（nihil agens）。因此，他没有德性，也没有福祉。[111] 那么，他的生活是怎样的？你们说：'善事（bonorum）一个接一个，没有恶（malorum）夹杂其中。'哦，是什么善？我猜想，是快乐（voluptatum），当然是那些裹挟着肉体的快乐，因为你们知道任何精神上的快乐无不产生自肉体，复归于肉体。威莱乌斯，我认为你和其他伊壁鸠鲁派不一样，在提到伊壁鸠鲁的看法时会感到羞耻——伊壁鸠鲁说，他甚至无法想象任何与肉体和感官的（delicatis et obscenis）愉悦无关的东西，他还没羞没臊地把这些愉悦一一列举出来。[112] 那么，告诉我你会给众神吃什么，喝什么，听什么和谐的乐曲，用什么五颜六色的花，或者拿什么取悦他们的感官，让他们沉浸在快乐中——就像诗人那样游走于氤氲着花蜜和龙涎香的盛宴，赫柏（Hebe）或者迦尼墨得（Ganymede）到场伺候杯盏。但你会怎么做，伊壁鸠鲁派？因为我既看不出你的神是从哪里得来快乐的，也看不出他是如何受用这些东西的。因此，

---

① "对象的图像"即"众神的形象"。

既然人就其本性而言可以享受更多的乐趣，那么人就应该比神更配
有幸福的生活。［113］你回答说，这些不过是轻浮的（leviores）
乐趣罢了，就是伊壁鸠鲁所谓的'撩拨'（titillatio）感官的乐趣。
你什么时候才不会开玩笑了？为什么我们这边的菲洛无法忍受伊壁
鸠鲁派对男色和女色之乐的鄙夷？他凭借非凡的记忆力背诵了伊壁
鸠鲁的一长串格言，一字不落。并且，他还常常引用梅特罗多洛更
为大胆的文字，此人与伊壁鸠鲁所见相同。例如，梅特罗多洛批评
了自己的兄弟提谟克拉底，就因为后者犹豫要不要把饱腹之欲
（ventre）作为衡量生活福祉的标准，并且不是仅批评一次，而是一
再如此。我看你点头同意了，因为你知道这是事实；如果你否认
了，我就应该写本书慢慢给你解释。你将每一件事都与快乐扯上关
系，我不是要在这个观点里挑骨头，它关乎另一个主题；我所强调
的是，你的众神没有快乐，因而根据你的逻辑，他们也没有福祉。
［XLI 114］'但他们没有痛苦。'你们说。但这是否足以构成充盈着
善的至福生活呢？你们说：'神不断念想着自己的福祉，没有别的
东西占据他的脑海。'想象一下，把这样一个神召唤到你眼前，他
长长久久地念想着'至善至美'和'我有福呀'。不过，我看不出
这个享用福祉的神是如何不惧死亡的，因为他瞧见自己被永不停息
的原子风暴一次一次地侵扰，而自己的影像又不断地从自己的原子
结构中发散出来。因此，这表明你们的神既没有福祉，也不永生。

［115］"但据说伊壁鸠鲁确实写过一些关于神圣（sanctitate）
和虔诚（pietate）的书。他是用什么方式写这些书的？用这些方式
吧——让你觉得是在聆听大祭司提比利乌斯·科隆卡尼乌斯（Ti-

berius Coruncanius）或普布利乌斯·斯凯沃拉（Publius Scaevola）
的布道，而不是在听一个彻底抨击宗教之人的檄文，用他的论证，
而不用泽尔士（Xerxes）的暴力，去推翻不朽之神的圣殿和神坛。
如果他们并不值得尊敬，什么也不关心，什么也不做，你凭什么理
由说人应该信仰神明？［116］你回答说：'但他们拥有卓越（exim-
ia）且崇高的（praestansque）本性，这本身就会激发起智者的崇
拜。'这里，一个肆意挥霍自己的幸福，并且曾经不、现在不、将
来也不运动的本性，有什么卓越之处？到底是什么虔诚要献给一个
对你没有任何裨益的神？事实上，不会给你任何帮助的神，你究竟
能亏欠他什么呢？虔诚是对待众神的正确方式，但如果人类和神明
没有共通之处（communitas），我们与这些神之间有什么正确或不
正确可言？再者，神圣在于人们知道为何敬拜神明，我搞不懂，当
从众神那里得不到也不指望得到任何好处的时候，人类凭什么崇拜
他们？［XLII 117］此外，我们在这些神明当中看不到任何卓越之
处，那还有什么理由敬畏他们呢？

　　"至于说摆脱迷信（superstition），这个你们学派时常吹嘘的话
题，要是你把众神的一切力量都抹除了，这倒是容易实现；除非你
可能认为，即使迪亚戈拉斯或塞奥多罗完全否认神存在，他们仍是
迷信的。我自己也认为，就算是普罗泰戈拉也不会敬畏众神，因为
他对神存在的观点和神不存在的观点都不满意。事实是，所有这些
人的观点不仅解除了迷信，消除了对众神无端的恐惧，而且破除了
宗教，以及所有虔诚崇拜的信念。［118］一些人宣称，对不朽神明
的全部信仰是智者为了国家的利益创造出来的，以便那些不能依据

理性而承担义务（officium）的人为宗教所引导（duceret），难道这不正是对宗教的瓦解吗？开俄斯的普罗狄科（Prodicus）称那些对人类生活有用的东西可以被视为神，那么这还能为宗教留下多大余地呢？［119］并且，还有人告诉我们，那些勇敢的、著名的或强大的人死后步入众神的行列，于是这些亡灵成为我们习惯于敬拜、祈祷和崇敬的对象。那么，难道说这话的人有一丝一毫的宗教信念吗？欧赫美洛斯（Euhemerus）发展了这一观点，而他的主要阐发者和追随者是我们的诗人恩尼乌斯。欧赫美洛斯描述了亡灵神的逝世（mortes）及葬地（sepulturae）；我们是说他似乎建立起了宗教，还是说他完全而彻底地放弃了宗教呢？我更不用说厄琉息斯（Eleusis）神圣而令人敬畏的圣地了，

> 那里天尽头的国度兴起于斯。①

我也不会停下来考虑在萨摩色雷斯岛（Samothrace）或兰诺斯岛（Lemnos）上的种种仪式：

> 夜幕降临暗地里庆祝，
> 密藏于茂密丛林深处。②

当我们解读这些诗句时，将它们放在理性的基础上审视，我们感到的是物质宇宙的本性，而不是众神的本性！

［XⅩⅢ 120］"其实，对我来说，就连德谟克利特这位至伟的人物——伊壁鸠鲁从他的思想之泉中汲水浇灌了自己的小'花

---

① 该句出处不详。
② 此句可能出自阿提乌斯（Attius）的《菲罗克忒特》（*Philoctetes*）。

园'——似乎也在神性问题上拿不定主意。有时，他宣称具有神性的形象（imagines divinitate）存在于宇宙整体中；有时，他将包含在整个宇宙中的心灵（mentis）要素描述为神圣的；有时，他将具有生命的形象（animantes imagines）视为神圣的，并称这些形象有的习惯于造福，有的习惯于伤害我们；有时，他认为某种巨大的形象（imagines tantasque）是神圣的，这些影像如此之大，以至于囊括了整个世界。① 所有这些表述统统配得上德谟克利特，更配得上他出生地的人们。② [121] 因为谁能构想出这些形象？谁会敬仰它们，认为它们值得崇拜或纪念？

"但是，当伊壁鸠鲁剥夺了不朽众神的施恩（opem）和仁慈（gratiam）的属性时，他也就把宗教从人们心中连根拔起了。虽然他说神圣的本性是至高无上、出类拔萃的，但他却否认神明是仁慈的，也就否认了至高无上而出类拔萃之本性的根本要素。难道还有比善良和仁慈更崇高、卓越的东西？你断言上帝不拥有这些属性，就等于说没有谁，无论是神还是人，不会亲近神了；等于说没有谁被喜爱，也没有谁被尊重；这样一来，不仅众神对人不管不顾，就连众神之间都不会彼此理会了。[XLIV] 你们所批评的斯多亚派给出了一个更好的解释！他们坚持认为，一个聪明人会和另一个聪明人成为朋友（amicos），哪怕他们并不了解彼此。事实上，没有什

---

① 德谟克利特在实际的教学中，将诸如此类零散的观点凝结为一个统一的学说。世界的基础是神圣之火的粒子，飘浮在空间；一群群粒子构成神灵，即长寿却不永生的庞大生物；一些粒子从他们身上飘出来，进入我们的心灵，而心灵本身就是由相似的粒子组成的；由此，我们认识到神。

② 即色雷斯的阿卜杜拉（Abdera in Thrace），那里的居民以愚蠢著称。

么比德性更可爱的了，而拥有德性的人将获得我们的爱，无论他身居何方。[122]但是，你本人认为友好的行动和友好的感觉都源于软弱（inbecillitate），这是多大的伤害呀！暂且将神圣的本性和属性的问题放在一边，难道你真的相信，即使是人类也不会表现出仁慈和善意，哪怕他们不是出自软弱？难道一个好人不会自然地亲近另一个好人吗？'亲近'一词本质上就是'爱意'（amoris），拉丁词'amicitia'（友谊）就是由其衍生出来的；如果我们'亲近'是为了利于自己，而不是为了我们所爱之人的利益，那么在这种情况下，'亲近'就不是友谊，而是一种利己的交易。我们以这种方式靠近草地、田野和牛群，是因为它们可以生出利益，但人类的爱意和友谊是不受私利所累的给予。那么，对没有欲求、彼此亲近、关心人类福祉的众神来说，岂不更是这样！若非如此，那么我们为什么要尊敬他们，还向他们祈祷？为什么大祭司要主持神圣的仪式，布告天意？我们希望从不朽的神那里得到什么？我们对天发誓有什么意义？（你们说：）'但是，伊壁鸠鲁确实写过一些关于神圣（sanctitate）的书。'[123]他在书里跟我们开玩笑哩，与其说他是个幽默家，不如说他是个随心所欲的写手。因为如果众神并不关心人事，哪会有什么神圣性可言？这些事事都不关心的存在者，有什么活跃的本性？

"毫无疑问，我们共同的朋友波西多纽说的实话更多。他在《论诸神的本性》第五卷中称，伊壁鸠鲁不相信众神存在，他之所以讨论不朽众神的问题，是为了免受公愤。他当然不会这么愚蠢，竟把神想成一介凡人，仅带有人的一些容貌特征，却是一具缥缈的身体；或者拥有一个人的所有四肢，但却完全不用；一个空洞的、透明的存在；不善待任何人，不服务于任何人，根本不关心任何事，根本不做任何事。首先，绝不可能有这样一种本性的东西；并且，伊壁鸠鲁也明白，他事实上已经抛弃了众神，只是口头上（oratione）保留了他们。[124] 其次，即使神明存在，他也认为众神的本性不具备对人的爱和仁慈，那就跟他们说再见吧！我为什么要说'愿蒙他恩'？他不可能对任何人赐恩，因为根据你们所说的，所有的仁慈（gratia）和关照（caritas）都是虚弱的表现。"

第二卷

[Ⅰ1]科塔说完后，威莱乌斯回复："我多么鲁莽，竟想和既是学园派又是演讲家的人辩论！纵然是学园派，但不善言谈；或者演说家能说会道，却对此派哲学一知半解，我大可不必畏惧；因为无论是在他一句又一句空洞的话语中，还是在他思辨精微却寡然无味的文风中，我都不会感到任何不安。但是，科塔，你却两者兼备，因而只有观众和法官才是你想要的。不过，我会在别的时候再来回应你的说法；而现在，要是卢西留斯本人没有异议，让我们听听他的发言吧。"

[2]"就我而言，"巴尔布斯回答说，"我宁愿再听一遍科塔的说法，如果他愿意像赶走伪神时那样口若悬河，为我们引来真神的话。因为这是哲学家和大祭司义不容辞的责任，也应该是科塔的义务——他对不朽众神的看法别像学园派那样变来变去（errantem et

vagam），而要像我们学派这样坚定而明确（stabilem certamque）。你对伊壁鸠鲁批评得够多了，甚至有些过头了。科塔，而我现在很想听听你自己的看法。"

"你，"科塔回答，"忘了我一开始说的话了？我说的是，我觉得说自己不相信的事比说自己相信的事容易，特别是在众神本性这一问题上。[3] 即使我有一个明确的看法，我仍然希望听听你的说法，毕竟我说得太多了。"

"我为你效劳，"巴尔布斯说，"我会尽可能简短地谈一谈，因为伊壁鸠鲁的谬误已被揭露出来了，那么我就不要在这个话题上绕圈子了。一般说来，我们学派把你们关于不朽众神的全部看法分为四个部分，如下：第一，众神存在；第二，众神的本性；第三，众神掌控（administrari）世界；第四，众神照料（consulere）人类。不过，让我们先来谈谈前面两点，因为第三点和第四点重要得多，我想应该放到后面再讲。"

"绝不要，"科塔喊道，"我们还有时间嘛，我们讨论得都很投入，因为这些话题比其他事情都重要。"

[Ⅱ4]"第一点，"卢西留斯接着说，"似乎都不需要讨论了，因为当我们仰观天穹、凝视天体的时候，还有什么比一些全知全能的神圣力量潜存其中更清楚明显的事实？如果不是这样的话，那么恩尼乌斯的诗怎么会引起普遍的赞同，他写道：

> 看看那边闪亮的星空，
> 都被冠以朱庇特之名？

是的，不仅冠以朱庇特之名，还尊以宇宙之主。他一点头，万物都为之驱使；就像恩尼乌斯所说的，他是'众神和人类之父'，恩泽广布（praesentem），神力无穷（praepotentem）。如果有人对此起疑心，我实在不明白为什么他们不会同样怀疑太阳的存在。[5]到底在什么方面，后者竟比神力这件事更显而易见？只有关于神力的概念为我们所牢牢地把握，才能解释我们对神的信仰为何会如此深笃而持久，只会随着时间的推移而愈加坚定，也会随着人类世代的更替而深入人心。我们看到，其他错误的、毫无根据的信念会随着时光而慢慢消逝。谁会相信半人马或奇美拉曾经存在过？有哪个老妇人蠢到害怕过去信以为真的冥府幽灵？岁月摧毁了想象虚构出来的意象，但证实了本性的判断。

"因此，这就是为什么国内外的人们对众神的崇拜和宗教的祭祀有增无减。[6]这并非无端而偶然的结果；究其原因，首先是众神经常显圣。例如，在拉丁战争期间，在瑞吉鲁斯湖（Regillus）之役①，当奥卢斯·波司托米乌斯（Aulus Postumius）与图斯库兰（Tusculum）的奥克塔维乌斯·玛米利乌斯（Octavius Mamilius）交战时，人们看到卡斯托耳（Castor）和波吕丢刻斯（Pollux）骑着马同我们并肩作战。记得最近，廷达雷乌斯（Tyndareus）的这些儿子带来了珀尔塞斯（Perseus）战败的消息。普布利乌斯·瓦提尼乌斯（Publius Vatinius），这位我们青年同辈的祖父，晚上从其治域雷阿特（Reate）来到罗马时，被两个骑着白马的年轻卫士

---

① 该战役是罗马与其周边的拉丁人部落联盟之间的战役，爆发于公元前498年，传说罗马在卡斯托耳和波吕丢刻斯的帮助下获胜。之后，罗马为其建造神庙，现存三根石柱。——译者注

告知，珀尔塞斯当天被俘虏了。他把这个消息带到了元老院，起初被判入狱，罪名是毫无根据地议论国是；但后来，保卢斯（Paulus）当日发出的一份急件证实了他的消息，于是元老院奖励瓦提尼乌斯土地，并允许他免服兵役。据历史记载，洛克里人（Locri）在萨格拉（Sagra）河边击败克罗顿人（Crotona），赢得一场重大的胜利，人们就在奥林匹亚大会召开那几天听到了这一消息。人们经常听到农牧神（Feuns）的声音，看到他的尊容，因而只要不痴呆，不渎神，都会承认众神的存在。

[Ⅲ7]"然后，说到对未来（futurarum）的预言（praedictiones）和预示（praesensiones），要是未来之事不会对人类有所显现（ostendi）、有所预警（monstrari）、有所预兆（portendi）、有所预言（praedici），那么这些词汇，如'显现'、'预警'、'预兆'和'启示'（prodigia），从何谈起呢？即使我们相信神话中提到的摩苏斯（Mopsus）、提瑞西阿斯（Tiresias）、阿菲阿拉俄斯（Amphiaraus）、卡尔查斯（Calchas）和赫勒鲁斯（Helenus）的故事都是编造出来的，但如果这些神话完全与事实相悖，那么即便他们自己也不会认可这些故事包含了对未来的预兆。更何况有些还是史实，难道我们不能据此承认众神的力量吗？在第一次布匿战争中，普布利乌斯·克劳狄乌斯（Publius Claudius）把圣鸡从笼子里放出来之后，它们就不再进食了。这时，他下令把它们扔进水里。他说：'要是它们不想吃，就得喝。'难道这个神话中的渎神之徒没有给我们留下深刻的印象吗？他只是对众神开开玩笑，但这种嘲弄让他白白赔了许多眼泪（因为他的舰队全部覆没了），也给罗马人民带来

了巨大灾难。此外，他的战友尤尼乌斯（Junius）于同一场战争期间在狂风暴雨中折损舰队，不正是因为没有听从神谕吗？最终，克劳狄乌斯因此受到审判，遭到人民的谴责，而尤尼乌斯自断性命了。[8] 凯利乌斯（Caelius）记录称，凯乌斯·弗拉米纽斯（Caius Flaminius）由于藐视宗教而在特拉西梅诺湖（Trasimene）之役中落败，这给国家造成了重大损害。那么，从这些人的覆灭可知，国家在那些遵守宗教训令之人的领导下变得伟大。除此之外，如果与其他民族相比较，那么我们就会发现尽管其他民族在很多方面都和我们相同，甚至优于我们，但在宗教上，就是在对神的崇拜方面，我们却远远地超过了他们。[9] 难道我们会贬低阿图斯·纳维乌斯（Attus Navius）和他的著名占卜成员？说他就因为找猪，便将葡萄园划分成了几块。① 我相信我们会这么做，要是荷斯提利乌斯王（rex Hostilius）没有在阿图斯占卜的指引下进行伟大而光荣的战争的话。但是，由于贵族们的粗心大意，占卜被淡化了，人们已不屑于遵从预言，只留下一些占卜的仪式。因此，国家的关键部门，尤其是战争事务——它关系到国家的安全——都在不顾任何预言的情况下运行着。在过河的时候，没人在意预警；在战争一触即发之际，也没人关注；当征召备战的时候，还是没人看重；最终，在战争前夕立遗嘱的时候，也用不着遵守了。事实上，我们的将军下达军事命令之时，就是他们该放下身段去占卜的时候。[10]

---

① 西塞罗称，阿图斯曾发誓，如果拉瑞斯（Lares）帮他找到丢失的猪，便将自己葡萄园里最大的葡萄树献给他。如果拉瑞斯找到了，那么占卜团就可以在长有最大株葡萄树的那方土地上发现拉瑞斯。参见 *Div.* 1.3，2.80。

相反，在我们祖先的时代，宗教的影响深刻，一些将军甚至代表他们的国家以自己的性命向不朽众神起誓，蒙住头，郑重其事地以死发誓。我可以从西庇尔（Sibyls）的预言和占卜家的卜辞中引用许多例子，用这些例子证实任何人都不会质疑的真相。[Ⅳ] 但在普布利乌斯·斯基庇俄（Publius Scipio）和盖乌斯·菲古卢斯（Gaius Figulus）执政期间，不论是我们占卜师的卜辞，还是伊特拉斯坎（Etruscan）人的预言，其真实性都得到事实的证明。那时，提比利乌斯·格拉库斯在其第二届执政任期内，正参与下一届选举。首席地方监察官在念出获选人名字的那一刻，突然当场死去了。尽管如此，格拉库斯还是完成了选举，但却觉得此事已经在民众中间引起了宗教方面的顾忌，便向元老院报告了此事。元老院令将此事'交付风俗官员'。于是，占卜师被引荐，他们宣布，该选举的监察官不合规矩。[11] 我的父亲给我讲过，格拉库斯当时怒气冲冲地喊道：'我们不合规矩！在我主持选举时，谁是执政官，谁是占卜师，谁接受了卜辞？你们是谁，图斯库兰的野蛮人，以为懂得点罗马人的占卜事务，就能对我们的选举指手画脚了吗？'因此，他当即下令斥退他们。但后来他又从其治域寄去了一封信给占卜团，说他在阅读占卜书籍时突然想到：他当时的占卜地址，即斯基庇俄花园（hortos Scipionis），选得不合适，因为他在选定此地之后，为了出席元老院的会议而进入了城市边境，并且回来时，又再次穿过了城市边界线，竟忘了占卜师不能跨界的禁忌。如此，他说执政官的选举就不合规了。占卜团将此事报告给了元老院，元老院就命令执政官退位，他们确确实实这样做了。我们还能找到比这个更明显的实例吗？格拉库斯是最明智的，或许我也可以说他是那个时代最杰出的人物，宁愿承认自己的错误，尽管这个错误可以被隐瞒下来，也不愿意国家蒙上一层不敬神的罪恶感。并且，这位执政官甘愿舍弃权柄，也不愿意违背宗教继续掌权，哪怕多一分一秒。[12]占卜师身居高位，受人景仰；预言家的技艺也确实出神入化。这些例子，以及无数个类似的例子摆在眼前，难道还有人不承认众神的存在吗？因为关于某物的解释者存在，那么被解释的此物必然存在；神的解释者确实存在，所以我们必须承认神的存在。但也许并非所有的预言都能实现。也并非所有的病人都能痊愈，而我竟然被告知，治愈的技艺不存在！未来事件的迹象由众神披露，人们或许会误解这些迹象，但都不是神圣本性的错误，而是人类自己瞎猜造成的。

"因此，在这一点上，所有民族的每个人都会同意，因为众神存在是每个人与生俱来的（innatum）信念，毫无例外地铭刻在我们的心灵中。[V 13]虽然人们对他们的本性有林林总总的看法，但没有人否认他们的存在。这里，我们学派的克莱安塞说，由于四个因素，人们的心灵产生了关于众神的观念。其一，他提到了刚才我说过的那个因素，即这种观念起源于对未来的预测。其二，我们发现温和的气候、肥沃的土地，以及其他众多的福祉带给了我们数不尽的好处。[14]其三，一系列异象震撼了我们的心灵，如闪电、风暴、骤雨、冰雪、冰雹、荒漠、瘟疫、大地的变迁和频繁的轰鸣、纷如雨下的石块、血红色的雨点、山崩地裂，还有那显示人类和动物可怕预兆的、天空中仿佛火炬一般的星星，希腊人称之为

'彗星'（*cometae*），我们的同胞称之为'长发星'（*cincinnatae*）。例如，最近的奥克塔维乌斯（Octavius）之战早有噩兆——天空中出现了两个太阳。① 类似的异象，我也从父亲那里听到过，那次发生在图狄塔努斯（Tuditanus）和阿奎利乌斯（Aquillius）执政期间。还有一年，罗马的另一个太阳普布利乌斯·阿夫里卡努斯（Publius Africanus）的光熄灭了。② 众神用种种异象引起了人们的恐惧，因而人们相信这些神圣的天国之力是存在的。[15] 其四，这是最重要的一个因素，他列举了运动有常、天穹的运转、日月星辰的运行以及它们的多彩、美丽和秩序，仅仅这些事物的出现就足以表明它们不是偶然的产物（*fortuita*）。就像一个人走进一个房子、运动场或集市，看到一切都被安排得井井有条，他完全可以设想这些事情的发生都是有原因的，也会想到存在某种掌控全局且统摄一切的力量。这种力量在沧海桑田之中，在万物有序之中，在世世代代之中，从来没有辜负过人们的期望。因此，他势必得出结论，大自然如此伟大的运动（*tantos naturae motus*）是由某种智慧之力指引着的。

[Ⅵ16]"虽然克律西波头脑敏锐，但他的讲话都直接生发于本性，而不是他自己的探究所得。他说：'这是因为，如果存在为人的心灵、理性、力量和能力所不能创造的东西，那么就必然存在一

---

① 暗指在公元前 87 年爆发的苏拉（Sulla）和马略（Marius）的内战。奥克塔维乌斯是苏拉的同党。当时，他正与米特拉达梯（Mithridates）交战。另一位执政官钦纳（Cinna）支持马略。他们之间发生了争斗，但奥克塔维乌斯落败。

② 公元前 129 年，阿夫里卡努斯被人发现死在床上，而谋杀者下落不明。另见本书 3.80。

个能创造这一切的超越人类的力量；既然天体和所有遵循永恒秩序的现象都不能由人创造，那么，创造出这一切的力量就胜过人类。如此一来，还有比将它称作神更好的做法吗？事实上，如果没有神，那么就没有在本性上高于人类的存在；既然神是有理性的，那么就没有谁能在理性方面比他更优秀（melius）。但是，竟然有人认为，在整个宇宙中没有比人类自己更崇高的力量了——这是十足的无知（desipientis）和傲慢（adrogantiae）。因此，存在更崇高的力量，而它正是神。'[17] 如果你看到一座美轮美奂的房子，就算你没有见到房主，也不可能劝你相信这座房子是为耗子和黄鼠狼建造的。如果你以为世界上所有的奇观，所有灿烂夺目的天体，所有雄浑广布的海洋和陆地，都是你的安乐窝而非众神的所在，难道你不是一个彻头彻尾的傻瓜吗？越在上面的东西越好，而大地的地势最低，周围还被一层厚厚的气体包裹着，我们连这个道理都不明白吗？我们认为某些地区和城市的特征也印证了这个道理，例如生活在大气浓密地区的居民，其头脑比一般人要迟钝一些。同理，这种情况也适用于整个人类，因为他们在地球上落脚，这里正是宇宙中大气最为浓密的地方。[18] 不过，即使凭借人类有限的智力，我们也应该想到，〈宇宙中〉存在着一种比我们更聪慧的神圣心灵。正如色诺芬口中的苏格拉底问的：'人类是从何处获得（arripuit）心灵的呢？'如果有人偏要问我们是从哪里得到生命养料、分布全身的热量、瓷实的肉体以及能呼吸的（spiritabilem）空气的，那么答案众所周知，我们从土中获得了某种成分，还从水、火以及我们吸进的气里获得了其他成分。[Ⅶ] 不过，超越所有这一切的成分，我指的是理性（rationem），要是乐意，我们也可以用其他词汇表示，如心智（mentem）、谋划（consilium）、思考（cogitationem）、省察（prudentiam）；我们到底从哪里找到了它，我们到底在何时得到了它？宇宙是否拥有所有的品质，却单单没有这个最重要的品质？然而，在所有的创造物中，确实没有比宇宙更高贵、更优秀、更美丽的东西了。不仅没有，甚至都无法想象出更高贵的东西。如果理性和智慧是最高贵的，那么那个为我们所承认的最高贵的存在者就必定具备这些品质。［19］并且，当想到事物中存在的和谐（consentiens）、协调（conspirans）和连续（continuata）的关系时，难道还会有谁不赞同我的说法吗？大地能在固定的时间内丰收，然后又在固定的时间内荒芜，不是显而易见的吗？太阳在夏至靠近而在冬至远离，我们单单由许多事物自发的运动就可以弄清楚其中的原因，不是吗？还有大海的潮汐、水流的涨退，如何受到月亮起落的影响？行星不同的运行如何由整个天宇的轮转来维持？如果这一切不是由一个囊括万物的神圣精神（divino spiritu）结合在一起，那么它们就一定不可能以这种方式熙来攘往，实现宇宙中各部分之间的彼此和谐。

［20］"对于此观点，要是能如我所愿，更充分而流畅地论证，那么就越容易避开学园派挑剔的眼光；如果采用三段论进行概述，就会像芝诺以前的遭遇那样，更容易受到批评。因为，正如流水不腐而死水易臭，继续争论会阻断批评家的攻击；相反，进行到某一阶段就不再讨论了，反而会很难捍卫自己的观点。这些我们试图详细阐释的观点曾被芝诺总结如下：［Ⅷ21］'凡是有理性的（ratione）比那些没有理性的更优秀；没有什么比宇宙更优秀；因此，宇宙有理性。'同样，宇宙也可以被证明是智慧的、有福的和永恒的，因为具备这些品质的所有东西都会比那些没有这些品质的东西更优秀，并且没有什么东西比宇宙更优秀。由此方法，宇宙可以被证明是神圣的。芝诺接着说：[22]'若整体无知觉，则部分无知觉；宇宙的一部分是有知觉的，因而宇宙整体就是有知觉的。'他进一步推论，并更为精确地阐释了自己的观点。他称：'没有任何无生命、无理性的东西可以产生出一个有生命、有理性的存在；既然宇宙产生了有生命、有理性的东西，那么宇宙本身就是有生命、有理性的。'他还像通常做的那样，用比喻法解释了这一论点：'如果橄榄树上突然响起了明亮的笛声，难道你不会猜疑橄榄树也有吹笛的技艺吗？要是梧桐树上长出了可以发出悠扬乐曲的竖琴呢？显然，你会同样推测梧桐树也有音乐才能。那么，当看到宇宙孕育出有生命和智慧的众生，为什么我们就不能判断它本身就是有生命和智慧的呢？'

[IX 23]"然而，虽然我已经开始采用一种不同于最初讨论时所用的方法来对待本主题（因为我开始时说过，众神存在对所有人来说都是显而易见的，这一点不必再讨论了），但我现在仍然希望此观点在物理学或自然哲学上得到证实。下面的例子就是事实。任何一种会繁衍生长的东西都包含了热（caloris）的原则，如果没有这种原则，那么繁衍生长就是不可能的。因为每一个拥有热和火的东西都自为地运动着，由此变得生机勃勃；而它们的繁衍生长始终是固定而一致的。并且，只要此类运动在我们体内存在，感觉和活力

就会持续存在。但是，当热量冷却和消退时，我们自己就会衰弱，就会死亡。[24] 每个有机物中都有热的力量来维持生命，克莱安塞的论证进一步强调了这一事实。他说，没有哪种食物能如此坚实，以至于一天一夜都不能被消化；即使那些被身体抛弃的残渣，也有些许热量。此外，静脉和动脉随着火一般的颤动持续地收缩。人们常常观察到，生物的心脏被挖出来时会有节律地跳动，就像火焰的闪烁一般。因此，所有的生命，无论是动物还是大地上的作物，都是由于它们内部的热性，才如此这般地运动着。由此可知，热的原则本身就包含着一种贯穿整个宇宙的生命力。

[25]"为了能更容易地分辨出这个无所不在的火元素，我们要更准确地描述它的全部特征。宇宙的各个部分（而我只会谈到其中最重要的元素）都是由热来支持和维系的。这可以首先根据土元素的情况来设想。我们看到，石头的撞击和摩擦可以生火。土地才被挖开的时候，'土壤冒着热气'。温水甚至可以从不冻井中汲出，这一般发生在冬季，因为地下的中空部分蕴藏着大量的热量，而在冬季中空部分越发紧密，那么土壤中蕴藏的热量也就越多了。[Ⅹ26]我可以写下长篇大论来证明，大地哺育的所有种子，以及一切自然产生、扎根大地的东西，其诞生和生长都归功于适度的热量。首先，热融合于水中可以被证实，这是因为水具有流动性质。如果水不能在热的作用下由冰雪融化或分解成液体，那么它就不会凝结成雪和雾淞的形态。正是这个原因，湿气在北风的作用下凝固，也会在其他冷的形态的作用下固化；并且，它也会因热而解冻、变软、融化。此外，海洋在风的搅动下也会变得温暖；由此，我们不难理

解：这片巨大的水体也蕴含着热量；应该看到，这些温暖不是从外部获得的，而是海洋最深处剧烈运动造成的。这一原则也在我们自己的身体中生效，因为身体会因运动和锻炼而发热。此外，空气本身在自然状态下是极冷的，但也绝不是毫无热量。[27] 事实上，其中混合着丰富的热量，因为它本身就是水汽化的产物；也就是说，从水中升腾的蒸汽形成了气，而这种蒸腾作用是水中所含热量的运动引起的。我们可能会看到类似的情况：把火放在水的下面，水会咕噜咕噜地冒泡。宇宙中还有第四个元素，它本质上是完全炽热的，并且赋予其他所有物质维持生命和健康的热量。[28] 由此得出结论：既然宇宙的所有元素都是由热来维持的，那么宇宙自身的长期保存也归功于一种类似的和同等的原则；更重要的是，我们要明白，在这种炽热的火元素与每一种有机体相混合时，这种诞生的力量和生产的根源都寓于宇宙的元素之中，并且所有生命体和所有扎根于大地的事物，其诞生和生长都必然根源于这些元素。

[XI 29] "然后，有一个元素，它结合并维持整个宇宙。而且，它具有感觉和理性。因为大自然中每一个非孤立的或单独的，而是与其他事物结合和联系在一起的元素，本身都含有某种主导原则。例如，人的心灵和动物的一些类似于心灵的激发它们的欲望东西。至于树木和作物，其主导原则寓于它们的根部。我用'主导原则'来表示希腊人所谓的'引导力'（hēgemonikon），它不但能够而且应该在每个物种（genus）中居于主导地位。因此，如果某种元素包含整个自然的主导原则，那么它必定至善至美、至高无上。[30] 现在我们看到，宇宙的各个部分（因为整个宇宙中的任何事物都是

宇宙整体的一部分）都存在感知和理性。因此，这些品质必须存在，并更生动地和更多地存在于主导原则所在的整个宇宙中。由此，宇宙必定是智慧的，并且孕育万物的元素也必定在理性方面出类拔萃。由此，宇宙必定是神圣的，宇宙的全部力量由之汇合的元素也必定是神圣的。

"此外，宇宙所拥有的炽热光芒，相比那些维持和助益我们自身存在的热量，更加纯净、更加清晰、更加闪耀，因而更适于唤起人们的知觉。[31] 既然人类和动物都由这种光热维系（teneantur），并因它而运动和感觉，那么要说宇宙没有感觉，这就极其荒谬了。因为宇宙由一种燃烧的热维持着，而这种热是纯洁的、自由的、纯粹的，并且无孔不入，富有蓬勃的生命力；特别是，这一属于宇宙的热，其自身的运动是自主的、自为的，不受他物的扰乱，不受外界的影响。你看，什么能比宇宙更强大，能够释放出并搅动起（pellat atque moveat）维持一切事物存在的热气？[XII 32] 让我们听听柏拉图关于这个问题的看法。柏拉图，我们可以称他为哲学家之神。他认为，有两种运动，一种是自在的，另一种是派生的；一个自主的自我运动的事物比那些由他物影响而运动的事物更具神圣性。前一种运动，他宣称仅存在于灵魂（animis）中，并且运动的原则都由其而来。因此，既然所有的运动都是从宇宙所拥有的热量中产生的，并且热的运动是自主的，不受其他事物的推动，那么热就是灵魂。由此，他证明了宇宙是有灵魂的。

"这也可以理解为，因为宇宙毋庸置疑比任何形式的事物都更卓越，所以宇宙拥有智慧。因为正如我们身体的每一部分都不比我们的整个身体更重要，所以整个宇宙一定比宇宙的某个部分更重要。如果是这样的话，那么宇宙就一定有智慧；否则，作为宇宙的一个部分的人类，拥有理性，就必然比整个宇宙更重要了。

[33]"此外，我们要是希望考察万事万物，从它们的混沌状态一直到最终完满的境地，就一定会发现神圣的本性。我们观察到，自然所维系的第一类事物就是那些从大地中生长出来的东西，而自然赋予它们的仅仅是保持自身繁衍生长的能力。[34]自然赋予动物感知、运动、冲动，添上了某种欲望和冲动，助其趋利避害。她将理智作为额外的馈赠赐给人类，这是为了调节心灵的欲望（adpetitus）——有时可以释放欲望，而有时克制欲望。[Ⅷ]不过，处在第四个也是最高阶段的存在者生得善良且智慧。他们不变形式中的真正理性是与生俱来的，应当看到这种理性高于人类，并且必须将其归于神圣的存在，即宇宙。在宇宙中，这个完整和完美的理性必须存在。[35]因为不可否认，每一类有机的整体都必定存在某种终极（extremum）而完美的（perfectum）理想之物。我们看到，就像藤蔓或牛一样，除非有某种力量介入，否则自然就会以她自己的方式渐臻完满；如同绘画、建筑和其他艺术需要获得精湛的技艺，整个自然更是如此，迈步前进，达致完满和完美。许多外部影响可以阻止其他种类的事物实现完美，但没有什么能够阻挡宇宙整体的进程，因为它本身就囊括了形形色色的事物。因此，第四个也是最高阶段定然存在，其他任何外在的力量都无法将其摧毁。[36]现在，正是在这个阶段，宇宙本性居于其中。既然世界万物都比不过它，没有任何东西能够阻挡它，那么由此可知，宇宙是理

性的，而且是智慧的。

"此外，宇宙包罗万象，却不被认为是卓越的，有比这更愚蠢的吗？或者说，如果宇宙是卓越的，那么它不应该先是活生生的，再是理性的（rationis）和明智的（consilii），最后是智慧的（sapientem）吗？它还有什么其他方式彰显自己的卓越？因为如果它像植物，甚至像动物，那么它就不应该被认为是卓越的，而应该是低劣的。并且，如果它包含了理性，但并非从一开始就是智慧的，那么宇宙与人类相比就会屈居第二了。这是因为，人类可以变得智慧，但如果宇宙在过去无限的历程中一直缺乏智慧，那么它显然永远也得不到智慧，因而它将会不如人类。这是荒谬的，那么宇宙从一开始就必须被认为是智慧的，而且是神圣的。

［37］"事实上，没有什么事物能像宇宙那样无所不有，能像它那样处处完满、完整且完美。① ［XIV］确实，克律西波巧妙地阐述过。就像壳子制作出来是用作盾牌，剑鞘制作出来是为了收纳宝剑一样，除宇宙之外的一切都是为了宇宙而创造出来的。例如，大地上产出的庄稼和水果是为了动物食用，动物被饲养是为了人类所需，就像马是为了驮运，牛是为了耕地，狗是为了狩猎和看守。不过，人类活着是为了思考和模仿（contemplandum et imitandum）世界。人类绝对算不上智慧，但'还有一点儿聪明'。［38］相反，既然宇宙囊括了一切事物，在它之外别无存在，那么宇宙便是至善至美、完美无瑕的；它又如何会缺少如此卓越的本性呢？再没有什

---

① 本句放在"37"节的末尾，更为恰当。

么比明智和理性更优秀的了，所以宇宙绝不可能缺乏明智和理性。因此，克律西波又用例子说明，任何事物成熟和完美的状态都比不完美的时候更优秀。比如，成年马优于马驹，成年犬优于幼犬，成人优于孩童。同理，凡是整个世界中最好的地方，便是完美而完整事物的所在。[39] 没有什么比宇宙更完美，也没有什么比德性更优秀，因而德性是宇宙的一种属性。再者，人就其本性而言并非完美，但人类还是可以获得德性，何况宇宙！因此，德性确实存在于宇宙中，因而宇宙也是智慧的，而且也是神圣的。

[XV]"确定了世界的神圣性之后，我们必须把同样的品质赋予天体。这些天体是从以太中最纯净和最活跃的部分创造出来的，而不与其他任何元素相混杂；并且始终发着光，清明通透。因此，我们完全可以认为，它们是有生命的，并具有感觉和智慧。[40] 克莱安塞认为，它们具有火热的本性，这一点得到了两种感官的证实，即触觉和视觉（tactus et oculorum）。太阳的光芒比其他任何类型的火焰都更耀眼，因为阳光可以普照浩瀚的宇宙；其光线密集，能量巨大，不仅能提供温暖，还会引起燃烧。除非阳光具有火热的本性，否则它就不会产生这两种作用。克莱安塞继续说：'既然太阳由火生成，而且由海水的湿气滋养——因为如果没有滋养，任何类型的火焰都不能维持，那么它要么就像我们日常生活中使用的火，要么就像生命体中所蕴藏的火。[41] 普通的火，是我们生活所需的火，毁坏和消耗一切事物——它燃烧到哪里，就会在哪里破坏和毁灭一切。然而，遍布身体的火却维持生命，促进健康，保存、滋养、增进并维持万物，还会赋予它们感觉。'因此，他认为，

毫无疑问，太阳与这种类型的火相似，因为它也能让万物就自身的本性蓬勃发展。因此，既然太阳的火同生命体的火类似，那么太阳也一定是有生命的；其他众多的天体也一定是有生命的，因为它们诞生于以太或天国的辉耀下。[42] 现在，因为一些生命或生长于大地，或游动在水里，或翱翔在空中，所以亚里士多德认为，适宜生命滋长的地方却什么生物都没有，简直不可思议。但是，众星居于以太之所处，那里的以太最为精细、最为活跃、最为有力，因而在那里产生的生命体，其感知也最为敏锐，其运动也最为敏捷。因此，由于众星是在以太那里产生并存在的，所以它们势必拥有感觉和智慧。并且，由此可知，它们应该划归众神的行列。[ⅩⅥ] 我们可以观察到，相比那些生活在空气厚密而浑浊地区的人，生活在空气纯净且稀薄地区的人，其反应更迅捷，领悟能力也更强。[43] 事实上，还有一种因素也可以造成人们心灵聪慧程度的千差万别，就是养料（cibo）。因此，众星之所以被认为拥有最高的智慧，是因为它们处在宇宙中以太的部分，并受到海陆水汽的滋养，而海陆离它们遥远，因而提供的水汽也十分稀薄。此外，我们坚定地相信，它们拥有感觉和智力，因为它们秩序井然，运行有常；没有随机，没有易变，没有偶然，任何事情都不可能在没有预先设计的情况下如此有序地运动。这里，众星的秩序及其永恒的规律既不是自然的运作，因为这种规律完全是理性的；也不是运气的庇佑，因为运气倾向变动（varietati），排斥恒常（constantiam）。因此，我们可以推知，它们凭借自身的意识（sensu）和神性（divinitate）自主地运动。[44] 亚里士多德值得称赞，因为他指出，任何运动都是或通过本性（natura），或通过强力（vi），或通过意志（voluntate）来实现的。太阳、月亮和所有星辰都是运动的；但凭借本性运动的东西要么因沉重而下落，要么因轻巧而上扬。但是，（他认为）这两类运动都不属于它们，因为它们的运动轨迹是一个圆圈。当然，也不能说是某种更强大的力量迫使众星以某种与自身本性相悖的方式运动，因为还有什么比本性更强大的力量呢？因此，我们可以得出结论：众星的运动是自主的。

"如果一个人明白了其中的道理，仍要否认神明的存在，那么这个人就不仅愚蠢，还很邪恶。其实，不管他否认神的存在，还是剥夺神的监督（procuratione）和行动（actione）的权能，这二者确实没有什么不同。这是因为，在我看来，无所事事的存在算不得是存在的。那么，众神显然是存在的，那些对此否认的人，我几乎不相信他们的头脑是健全的。

［XⅧ45］"我们还需要考虑众神的本性究竟如何。要讨论这一主题，困难的是让我们的心灵从眼前的经验习惯里解脱出来。未受过教育的普罗大众和那些与他们类似的哲学家面对这个困难，除了将人形归于众神之外，就无法设想不朽的众神了。这是毫无根据的，科塔已经反驳了，那么我就不需要再讨论了。不过，我们坚信自己拥有关于神的某种清晰的先在观念（notione），即神明首先是有生命的，而且比自然界中任何事物更崇高。如果事实如此，那么我认为只有宣布没有什么事物能比宇宙更优秀，并且宇宙本身就是有生命和神圣的存在，才能符合我们自己的这种关于神的前识（praesensionem）和观念。［46］这里，让伊壁鸠鲁随心所欲地开玩

笑吧（尽管他不太适合当一个开玩笑的人，只不过有些许阿提卡当地人的风趣），让他宣布自己无法将神明想象成一个旋转着的球形。尽管如此，他绝不会让我放弃某个观点，那个他本人一直认可的观点。因为他确实相信众神存在，其理由是一些没有谁能与之匹敌的崇高本性必定存在。既然没有什么比宇宙更优秀的了，那么宇宙毫无疑问是有生命的、有感情的、有理性的、有智慧的。只有这样，它才会比那些缺乏这些品质的事物更优秀。[47] 由此，宇宙确实是有生命的，拥有感觉、智慧和理性，进而是神圣的。

　　"不过，宇宙中产生的种种创造物更能印证这些观点。[ⅩⅧ] 同时，威莱乌斯，我恳请你别再炫耀你们学派对下面这些学说（doctrinae）的无知了。你说，圆锥体、圆柱体和三棱锥在你看来比球体更美。这只能说，你们有你们自己的新奇标准！然而，我虽然不大赞同，但还是姑且承认这些形状更美。某种形状可以将其他任何形状都包含在自身当中，并且它没有任何不均匀的地方，没有任何抵触的棱角，没有任何直角或弯曲的压痕，没有任何突刺，没有任何凹陷，还有什么形状比它更美？立体形状中的球体（globus，我用其表示'sphaera'）和平面图形中的环形或圆形（circulus aut orbis，希腊人称之为'kyklos'）是两种最优美的形状。这两种形状的特点是，它们的各个部分都是彼此近似的，并且周长上的每一个点与中心都是等距的，这使得它们最有可能具备一种相互联结的特性。[48] 假如你们对这些事实视而不见，可能是因为你们从来没用过几何沙板；但你们可是自然哲学家，竟然不理解众星的匀速运动和恒常阵列不能靠其他形状来维持吗？因此，再没有什么能比你们学派一贯的宣称更加无知的了。我指的是，你们说不能确定世界是不是圆形的，因为它也可能是另一种形状，还可能存在无数个世界，而它们的形状也可能不同。[49] 如果伊壁鸠鲁学会了二的两倍是多少，他就绝对不会这样说了。但是，他在用自己的嘴来品尝最高的善的时候，却没有抬头看看恩尼乌斯所说的'天上的嘴'（caeli palatum）。

[XIX] "因为有两种天体，其中一种在不变的轨道上从东向西移动，从不偏离其路径一步；而另一种以两种方式在同一轨道和路径上运行。这两个事实表明，宇宙稳定的旋转除非存在于球体中，否则就是不可能的。何况，天体的环形运动也是如此。

"首先，太阳在天体中居于首位。它的运行情况是，当它的光芒照耀某地之后，就离开此地，因而地球上的阴影先是到这边，再到另一边。这是因为，地球的影子挡住了太阳，于是夜晚产生了。在夜晚或白昼，太阳的运行都遵循相同的规律。此外，太阳交替地来回运行，这样才不至于固定到极点，从而缓和了寒冷和酷热。它在轨道上旋转 365 天，加上大约四分之一天，这构成了一年。它一时转向北方，另一时转向南方，这就带来了夏季和冬季，还有个季节是在冬季退去之后，另一个是在夏季之后。因此，陆地上和海洋中的一切事物都随着四季变化而萌发和生长。

[50] "再有月亮，它一个月的运行路径与太阳一年的运行轨迹类似。当它离太阳最近的时候，它的光线最弱；距离最远时，光线则最充足。它不仅外形和形状会变化，先是月亏，之后恢复到最初的形状，而且它的位置也会变化，一时在北，一时在南。它的运行

也对应着冬至和夏至，它的影响连绵不绝，生物由它获得滋养而兴旺，大地生长出来的东西也因它而枝繁叶茂，开花结果。

[XX 51] "让人叹为观止的是五大星体的运动。此类运动被错误地称为徘徊（errantes），错就错在，如果某种运动从不间断，从未改变，持续向前、后退，或朝其他方向移动，这就不能称为徘徊。更为惊奇的是，我们所说的这些星体，一时隐匿，一时现身；一时前进，一时后退；一时领先于太阳，一时紧随着太阳；一时加速移动，一时减速缓行；甚至有时不动，还静止一段时间。依据它们不同类型的运动，数学家计算出'大年'（Annus magnus）。太阳、月亮和五大行星完成了各自的行程又回到了起初的相对位置，这时就完成了一个'大年'。[52] 一个大年的运行时间有多长尚有争议，但这肯定有一个固定和明确的时间。例如，我们知道离地球最远的星是'萨杜恩之星'（Saturni stella，土星），希腊人称之为'phaenon'（放光者）。它完成一个行程约莫三十年。它在运行过程中历经了许多惊奇的阶段，先是领先于太阳，然后减速，在夜间不可见，又在早上重回视野；它亘古未变，在相同的时间内完成相同的行程。在它的下面更靠近地球的是朱庇特（Jupiter，木星），在希腊语中称作'phaëthon'（燃烧者）。它在十二年内完成一个与地球十二宫相同的行程，并且其运行也表现出与土星一样的变化状态。[53] 它下面的环形轨道属于'Pyroeis'（发火者），又被称为马尔斯（Mars，火星）。它像上面两星那样在二十四个月少六天的时间内运行完自己的行程。在它下面的是墨丘利（Mercury，水星），它被希腊人称为'Stilbōn'（昏暗者）。它在大约一年的时间

里穿过十二宫一轮，并且它与太阳的距离从未越过一个宫区，时而运行到太阳之前，时而退到太阳之后。五大行星中位置最低，也离地球最近的一颗是维纳斯（Venus，金星），它在希腊语中是'*Phōsphoros*'（明亮者）。在拉丁语中，当它运行到太阳之前，就被称为露际弗（Lucifer）；当它跟随着太阳，就被称为赫斯帕鲁（*Hesperos*）。它在一年内完成它的行程，以纵横方向穿过黄道，就像上面的行星一样。它无论在太阳的哪一边，都不会距离太阳两个以上的宫区，尽管它时而在太阳之前，时而在太阳之后。

[XXI 54]"因此，鉴于众星中的恒常性，永恒时间中的一致性，虽然它们的运行千姿百态，但我也不能将它们理解为没有心灵、理性和目的的存在。既然我们发现天体拥有这些品质，那么我们就不能不把这些天体划归于此，让它们在神圣存在中占有一席之地。

"此外，那些被称作恒星的同样也有智慧和目的。它们的运行日复一日，有规有矩。其运行既不是以太引动的，也不像大多数对自然哲学一窍不通的作家说的那样，仅与天空的整体运动有关。这是因为，以太就其本性而言并不能把恒星包裹起来，并以其自身的力量引起恒星的运动；它是稀薄的、透明的，充满了均匀的热量，似乎不太适宜于保持恒星的位置。[55]事实上，恒星有自己的位置，是一个不同于以太的地方，也不受以太的干扰。它们的运动永不停歇，从不间断，并且蕴含着不可思议且难以置信的和谐。显然，一种神圣的力量和智慧寓于其中。由此，如果没有看到这些天体拥有神圣的力量，那么对任何事情就都会熟视无睹了。

[56]"在天上，没有偶然、无常、偏离或虚假；相反，有的是

秩序、真实、理性和一致。那些没有这些品质的东西，幻想的、虚假的、善变的东西，都在月亮下面或在地球里或地球上运动，而地球是所有天体中最低的。因此，如果有人认为众星的奇妙秩序和非凡规律——事实上所有事物的保存和安全都得益于此——没有智慧，那么这本身就是一种缺乏智慧的表现。

[57]"如此一来，我相信，在讨论这个主题的时候，我从探究真理的领头人芝诺那里求得首要的原则，就断然不会出错了。[XXⅢ]芝诺定义了自然，称它是'艺术般（artificiosum）燃烧的火，它以某种一成不变的方法进行创造'。因为他坚称，创造和生产是艺术的主要功能，我们使用的艺术作品出自匠人之手，但更多的是自然的鬼斧神工。自然，即我所谓的艺术般燃烧的火，它是其他艺术的师父。事实上，自然遵循着一条路径和一条规定的道路，因而根据这一原则可以说自然的每个部分都是艺术的。[58] 同时，就宇宙本身而言，它把所有的东西囊括在内。于是，芝诺说，存在于宇宙中的自然不仅是'艺术的'（artificiosa），而且更是一位'艺术家'（artifex），为万物的收益出谋划策，提供便利。正如自然中的其他部分由它们自己的种子生发出来，并受其控制，因而自然整体的所有运动及其意念和欲望的冲动（希腊人称之为 hormai）都是自为的。这一特征也符合我们自己所从事的相应的活动——我们受到感情（animis）和感觉（sensibus）的驱使。这种贯穿在宇宙心灵中的自然可被正确地描述为审慎（prudentia）或天意（providentia），它的希腊称谓是'pronoia'。它试图预定和操控的，首先是让宇宙尽可能秩序井然、持久永恒；再是让宇宙补给充盈；简言

之，就是让宇宙展现出完美而灿烂的奇迹。

[XXIII 59]"我们已经讨论了整个宇宙，也讨论了天体，结果发现许多神圣的存在者显然不是懒惰的，而是在勤勤恳恳、任劳任怨地做着自己的工作。这是因为，他们不是由血管、神经和骨骼组成的；他们不靠吃喝维生，因而体内的汁液不会流得太急，也不会过缓；他们的身体也不是那种摔不得、打不得的体质，也不会担心四肢疲劳而生出病患——而诸如此类的恐惧迫使伊壁鸠鲁编造出仅有轮廓、什么事都不做的神明。[60]不对，众神本该拥有一种最美的形态，生活在天上那片最纯净的地方。并且，从运动及其轨迹来看，他们似乎将一切都结合在一起，以维持（conservanda）和保护（tuenda）万物。

"此外，由于他们伟大的功绩，最聪明的希腊人和我们的祖先还将敬意和盛名献给他们。这不是没有理由的，因为他们认为众神不会无缘无故地赋予人类任何巨大的利益（utilitatem），除非他们怀有对人类的仁爱（bonitate）。因此，他们有时以众神之名来描述那些恩赐，就像我们把谷物称为刻瑞斯，把葡萄酒称为利伯尔（Liber），这便是泰伦斯（Terence）诗句的出处，他写道：

> 没有刻瑞斯和利伯尔，
> 维纳斯的爱就不再。

[61]并且，某些蕴藏伟力的真实品质也被冠以众神之名，就像'信念'（Fides）和'理性'（Mens），我们已经将它们都供奉在神殿里了。最近，马库斯·艾米利乌斯·斯考鲁斯（Marcus Aemilius Scaurus）就是这样做的。但在此之前，奥鲁斯·阿提里乌斯·

卡拉提努斯（Aulus Atilius Calatinus）早已将'信念'奉为神明了。你可以看到'德性'神庙，马库斯·马凯卢斯（Marcus Marcellus）将它修葺，成为'荣誉'（Honor）神庙，在多年前的利古里亚战争（bello Ligustico）中昆图斯·玛克西姆斯（Quintus Maximus）就为此庙进献过祭品。为什么还要多说'财富'（Opis）、'安全'（Salutis）、'和谐'（Concordiae）、'自由'（Libertatis）和'胜利'（Victoriae）等神庙呢？这是因为每种品质蕴含的力量都太强大，不能不被相应的神管辖，所以它们就被封上了神的名号。同理，丘比特（Cupido，爱欲）、芙璐普塔（Voluptas，欣欢）和卢本娣娜（Lubentina，情欲）都被神化了。虽然威莱乌斯不这么看，但这些品质确实是邪恶的，而且并非出自本性；它们是邪恶的，本能经常为它们所撼动。［62］正是这些巨大的利益，赐予人类各种恩典的众神才获得了神圣的地位；其实，我刚才列举的种种名号都承载了每一位神明的神力。

　　［ⅩⅩⅣ］"此外，人类的生活和习俗也表明，那些造就丰功伟绩的人物赢得了众人的感恩戴德，也因此拔擢于人世间之上。因此，我们尊奉赫拉克勒斯（Hercules）、卡斯托耳和波吕丢刻斯、埃斯科拉庇俄斯（Aesculapius）和利伯尔为神。这里的利伯尔是塞美勒（Semele）的儿子，而不是我们的祖先将其与刻瑞斯和利伯拉（Libera）庄严而虔诚地供奉在一起的那位利伯尔，其中圣礼的性质只可意会。我们用'liberi'一词来表示我们的子女，刻瑞斯的子女利伯尔和利伯拉也由此命名。但是，这种用法仅限于上述利伯拉的例子，而不能用于利伯尔的例子。为此，我们还将洛摩罗斯神

化，有人也将他与奎里努斯（Quirinus）等同视之。因为这些人物的灵魂常存，长生不死，所以他们理当被奉为神明，况且他们确实具有崇高的本性，也确实永远不朽。

[63]"还有另一种方式，一种基于自然学说的方式，由此引申出众多的神明。他们与凡人相同的形象为诗人提供了素材，并且关于他们的各种迷信也在人类的生活中广为流传。芝诺已经处理过这一主题，之后克莱安塞和克律西波也做过更为详细的阐释。譬如，希腊人普遍而长久地相信，盖卢斯（Caelus）被他的儿子萨杜恩大卸八块，而萨杜恩本人也被自己的儿子朱庇特五花大绑。[64]这些不恭敬的传说却也包含着有关自然的真知灼见。它不是一无是处的，因为它意味着，居于天空最顶端的元素，即以太或火元素，以自身的动力创造了万物，而不需要身体的生殖部分与其他身体相结合。[XXV]人们认为，萨杜恩维持着季节的轮转和时间的运行。在希腊文中，他的名称就明示了他具备这种职能，因为他被称为'Kronos'（克洛诺斯），即'chronos'，就是'一段时间'的意思。并且，他之所以被命名为萨杜恩（Saturn），就是因为人们相信他'填满'（saturo）了岁月（annis），而时间恰好吞噬了一个又一个时间段，甚至还不满足，还塞满了过去的岁月；同样，据说萨杜恩自己常常吞食自己的后代。为了防止他无拘无束地折腾，朱庇特还用众星的枷锁来束缚他。这就是那个朱庇特将萨杜恩五花大绑的故事。而朱庇特（Jupiter）本身的意思就是'juvans pater'（帮助之父），我们将'juvare'（帮助）做了一些变形来称呼朱维（Jove）。他也被诗人称为'神与人之父'，也被我们的祖先称为'最好的和

最伟大的'神。事实上，'最好的'指向的是'仁慈'。我们之所以将它放在'最伟大的'之前，是因为泽被万物比掌控权能更伟大，也更可敬。［65］正如我之前所说的，恩尼乌斯也对他做了如下描述：

> 看看那边闪亮的星空，
>
> 都被冠以朱庇特之名？

他在别的地方说的不如这般清楚，他写道：

> 我要拼尽全力咒骂那刺眼的天空，
>
> 不管那是什么。

我们的预言家也以这样的方式定义他，说'当朱庇特电闪雷鸣时'；这指的就是'当天空电闪雷鸣时'。欧里庇得斯（Euripidēs）也像他经常做的那样，写下奇文：

> 你看无边的以太在高处散开，
>
> 将大地含情地深拥在怀——
>
> 你要清楚这是最高的神，最高的神就是朱庇特。

［XXVI66］"气，介于海洋和天空之间，根据斯多亚派的学说被神化，并被冠以朱诺（朱庇特的姐姐和妻子）之名，因为她与以太近似，还紧密地结合在一起。斯多亚派之所以将它视为女性，并归于朱诺，是因为它是宇宙中最柔软的东西。不过，就我而言，朱诺的名字源于'juvare'（帮助）。接下来，还有水和土，它们共同构成传说中的三大领域。因此，第二大领域就是海洋的地盘，它被归于尼普顿（Neptune）。他是朱庇特的兄弟，人们都是这样说的。

他的名字派生自'nare'（游泳），其首字母和后缀有些许变化；这就如同'Portunus'（港口神，庇护神）源自'portus'（港口）一样。凡土地之所及都献给了父神迪斯（Dis），即'Dives'（富裕），希腊文写作'*Plouton*'（普路托）。这是因为，万事万物都复归于土地，又从土地中生长出来。据说，他与普洛塞庇娜（Proserpina）是两口子。其实，普洛塞庇娜是希腊名，因为她就是女神普洛塞庇涅（*Persephone*）。这些人认为，她就是谷物的种子，并且传说她隐匿了踪迹，她的母亲还四处寻找。［67］这位母亲就是刻瑞斯。这是'Geres'的讹误，因为她来自'gero'（生育），她诞下了谷物。她的希腊名德墨忒尔（*Dēmētēr*）同样出现了首字母意外改变的情况，该词本来出自'*gē mētēr*'（大地之母）。此外，玛沃斯（Mavors）源自'magna vertere'，即'伟大的颠覆者'，而密涅瓦要么指'缩小……的人'，要么指有威胁的人。

［XXVII］"此外，由于所有事情的开端和结尾都是至关重要的，于是人们把伊阿诺斯（Janus）奉为接受献祭的第一位神明。这个名字来源于'ire'（走），那么走廊就是'jani'，私宅的前门就是'januae'。至于维斯塔，她的名字取自希腊语，因为她是女神赫斯提（Hestia），其职能与灶台和壁炉有关。因此，由于她是亲密家庭生活的守护者，故而向她的所有祈祷和献祭都被安排在最后。［68］与她的职能密切相关的是珀纳忒斯（Penates）或家政神。这位神的名字来源于'penus'，意味着人类吃的一切东西；也有可能是她住在房子的最里面（penitus）的缘故。诗人们也由此将这类事称为'penetrates'（住在里面的）。接下来，Apollo（阿波罗）这

个名字是希腊语。人们认为 Apollo（阿波罗）就是'Sol'（太阳），正如他们把 Diana（狄安娜）当作'Luna'（月亮）。'Sol'来自'solus'，其得名要么是因为他体积巨大而在众多天体中'独一无二'，要么是因为当他升上天时所有的东西都黯淡了，只有他才可以被看见。同时，'Luna'这个名字源自'lucere'，即'发光'；她的另一个名字'Lucina'（卢齐娜）也由此而来。希腊人用 Diana（狄安娜）表示'Lucifera'（带光者），指幼儿时期的狄安娜。同样，我们也用 Juno（朱诺）表示'Lucina'。她也被称为'Diana Omnivaga'，即'四处游荡的狄安娜'，这不是因为她是狩猎女神，而是因为她被认为是七大行星或'漫游者'（vagari）中的某一个。〔69〕此外，'狄安娜'得名是因为人们相信她在夜晚创造出了白昼（Dies）。并且，人们在孕育时也将她召唤，因为孕育有时在七个月内完成，但通常是在九个月球运行周期内完成。这个周期被称为'月份'（menses），因为它完成了一个'计时区间'（mensa spatia）。蒂迈欧（Timaeus）有一处关于狄安娜的说法，十分新颖。他在其历史著作中说，爱菲斯（Ephesus）的狄安娜神庙烧毁的那天，亚历山大（Alexander）正好出生。之后，他补充道：这绝不奇怪，因为狄安娜希望在奥林匹亚（Olympias）分娩时现身，而不是待在家里。至于维纳斯，我们的同胞称她为'带来万物'（veniret）的女神。这位女神的名字并非源自'venustas'即'楚楚动人'，而是相反，'venustas'出自这位女神。

〔XXVIII 70〕"那么，你是不是明白了，关于自然现象的正确和有用的发现是如何演变为幻想与虚构的神祇的？演化的结果就是虚假的信仰、疯狂的错误和几乎比神婆的传说更魅惑人的迷信。我们已经熟悉了众神的形态、年龄、衣着和装扮，也知道了他们的出身、婚姻、关系；我们将他们的一切都降格为脆弱（inbecilllitatis）人类的相似物。事实上，我将他们表现得易于感情波动、情绪起伏，因为我们明白他们也有欲望、悲伤和愤怒；神话甚至也说他们经历了争斗和战争；他们不仅像荷马史诗中讲的那样，保护战争中的一方，或者分别保护战争中的两方，而且自己也发动了私人战争，就像对提坦（Titans）和巨灵神（Giants）发动战争那样。要是谈论和相信这些东西，就愚蠢透顶了，因为它们充斥着徒劳无益和不值一提的臆造。[71] 然而，当我们蔑视和拒绝这些故事的时候，我们也能够理解遍布万物的众神的存在及性质，如遍布大地的刻瑞斯、充盈海洋的尼普顿，以及其他具有类似来源的神明，还有那些依据传统习惯而被命名的神——这些神都应该得到我们的崇敬和敬畏。不过，崇拜神明的最好、最纯粹、最圣洁、最虔诚的方式就是，在心里和嘴上都尊敬他们，没有虚伪（pura），没有隐瞒（integra），没有杂念（incorrupta）。这是因为，不仅哲学家，还有我们自己的祖先，都将宗教从迷信中分离出来。[72] 那些为了孩子活命而花一整天祈祷和献祭的人被视为 'supertiotosus'（迷信的）；这个词来自 'supertites'，即存活者。此外，那些小心翼翼地回顾或者复演所有仪式传统的人被称为 'religiosus'（宗教的），其来自 'relegere'（回顾或复读）一词。同样地，'elegans'（优雅的）来自 'eligere'（选择），'diligens'（勤奋）来自 'diligere'（喜爱），'intellegens'（智力）来自 '理解'（intellere）；因为在每一个词语里，‘legere’（选择）的作用都与在‘religiosus’（宗教的）中一样。因此，‘迷信的’和‘宗教的’这两个词，一个造成了谬误，另一个成就了卓越。我想，我已经充分展示了神的存在和他们的本性。

［XXIX 73］"我下面要谈论的是，宇宙是由神意（providentia）统摄的。科塔，这确实是个宽泛的问题，就此问题你们学派激烈地争辩过；不用怀疑，我们之间的争论也会发生在这里。威莱乌斯，你们伊壁鸠鲁派不太理解别人不同的观点，因为你们只读自己的文献，抱有极大的痴迷，还常常抱怨别人的观点闻所未闻。例如，你昨天说，斯多亚派将‘*pronoia*’即神意置于老神婆的伪装之下。①在这里，你误以为斯多亚派把神意当作了一个特殊的神，这个神统领并掌控整个宇宙。不过，你犯这个错，是因为我们的表达过于隐晦了吧。［74］比如，如果有人说雅典人的国家是由议事会统治的，那么我们就会以为是‘战神山的’（Areopagi）那个议事会。因此，我们说宇宙是由神意统摄的，你就以为是‘众神的’（deorum）神意；这时，你一定会将这个意思补充为‘宇宙是由众神的神意统摄的’。那么，你们就不要再耍聪明来戏弄我们了，因为你们学派的人自己就不够聪明。事实上，你们如果肯听我的劝，就放弃任何幽默的企图吧；这本来就不适合你们，不是你们的专长，〈你们〉确实不擅长这个活儿。其实，这并不是你的问题，你毕竟受到我们的民族文化和罗马礼仪的熏陶。这是你们学派其他人的问题，特别是你们

① 参见 1.18、20、22。此处的"你昨天说"和 3.18 暗示本书原计划有三次对话，发生在连续的三天。此处的"昨天"表明作者尚未对其做最终的修改。

学说奠基人的问题。他是一个身无长技，也不读书的人，他对待每一个人都举止傲慢，他头脑迟钝，人微言轻，不苟言笑。[XXX 75] 那么，我认为，宇宙及其所有部分都从神意中得到了它们的初创秩序，并且在任何时候都由神意统摄。我们学派一般将本题分为三个部分来论证。第一个论证包含在众神存在的论点中，因为一旦承认众神存在，就一定会承认宇宙是由他们的神意统摄的。第二个论证是，所有的事物都受制于一种有知觉的本性，万事万物都受到这种本性的精心操纵；如果这是事实，那么这种本性就是从活生生的第一原因（animantibus principiis）中产生的。第三个论证是基于我们从地球和天空的种种创造物中所感受到的奇迹。

[76]"现在，首先，要么必须否认众神的存在，就像德谟克利特引入他的'幻象'（simulacra）和伊壁鸠鲁引入他的'影像'（imagines）那样，都或多或少地否认了众神的存在；要么承认他们存在，也承认他们履行了某种职能，而这种职能是至高无上的。但是，没有比统摄宇宙更崇高的职能了，因而宇宙是由神的智慧统摄的。如果不是这样的话，当然会存在一些比神明更优秀、更强大的形象，无论它们是无生命的自然物，还是借助强力横冲直撞的必然性——它们都会创造出我们眼前的这些最美丽的奇观。[77] 这样一来，神圣的本性就不会拥有无可匹敌的强力和至高无上的地位了，因为它将隶属于一种力量；无论是以自然物的形式，还是以必然性的方式，这种力量都控制着天空、海洋和大地。但是，没有任何东西能高过神，所以宇宙必须由神掌控。由此，神不会顺从或受制于任何自然力量，因为他自己就控制着整个自然。事实上，如果

我们承认众神是智慧的，那么我们也应当承认他们是会预先谋划的，并且承认他们会预先谋划最重要的事情。难道他们不知道什么是最重要的？也不知道应该以什么方式处理和照料这些事情？还是说他们没有力量来维持和管理如此庞杂的事情？但是，无知（ignoratio）与神圣的本性风马牛不相及；并且，因孱弱（inbecillitatem）而难以履行管理宇宙的职责，这也绝不符合神圣的威严。至此，我们所赞同的观点就这样被证明了，宇宙是由神意统摄的。

[XXXI 78]"既然众神存在（就像刚才肯定的那样，有必要承认他们确实存在），那么他们就是有生命的；不仅有生命，而且有理性；并由公民般的团结（conciliatione）和友谊（societate）结合在一起，掌控着单一的宇宙，这个宇宙就好像是一个统一的国家或城邦。[79]因此，他们拥有与人类相同的理性、相同的真理，以及相同的法律，这一切都在于扬善惩恶。因此，正是由于众神，智慧和智力才向人类敞开了大门。于是，我们的祖先才将智慧（Mens）、信念（Fides）、德性（Virtus）与和谐（Concordia）神化，并供奉在神庙内，接受众人的朝拜。既然我们崇拜众神庄严而神圣的形象，那么我们怎么还会转而否认这些品质属于众神呢？另一方面，如果人类享有智慧、信仰、德性与和谐，那么这些品质除了来自上面的力量之外，还能从哪里降临到世界上呢？既然我们都拥有团结、理性和审慎，那么众神就会拥有得更多。他们不仅拥有这些品质，而且还将其发挥得淋漓尽致。[80]显然，没有比宇宙更伟大或更优秀的事物了，所以宇宙必定为众神的智慧和神意所统摄。最后，既然我已经充分展示了这些事物的神圣性及其在我们面

前的光辉形象，我指的是太阳、月亮、行星、恒星、天空、宇宙本身，以及宇宙内千千万万造福人类的事物，那么便可以下结论：一切都由神圣的理性和智慧支配。这一问题的第一部分就说得差不多了。

[XXXII 81]"接下来，我要说明的是，所有事物都服从自然，并且由自然最有效地（pulcherrime）治理着。但是，先得简要解释一下自然究竟是什么，以便更容易理解我要表达的观点。有些人认为自然是一种非理性的力量，造成物体中的必然运动；另一些人则认为它是这样一种力量，即拥有理性（rationis）和秩序（ordinis），有条不紊地发挥作用，并清楚地揭示它所造成的每一种结果的原因，并展现伴随每一种原因的结果——这种力量，没有哪种技艺、技能或工艺可以通过模仿而获得。因此，他们说种子的力量虽然微弱，但要是落入了一种接受和包裹它的基质中，并获得了可以供其滋长的养料，它就会努力长成某个物种，各从其类。一些物种仅仅由自己的根（stirpes）滋养，而另一些物种能够运动（moveri）、感觉（sentire）、欲望（appetere），并参照自己创造出自己的类似物。[82]另一些人将万物的总和附以'自然'之名。比如，伊壁鸠鲁，他将所有存在物的本性都划分为物体（corpora）、虚空（inane）及其属性。至于我们学派，当我们说宇宙是由自然维系和治理的时候，我们说的并不是一块块泥土、一堆堆石头，或者诸如此类的东西，其中仅有聚集（cohaerendi）的自然原则；我们说的是一棵棵树或一只只动物，其中没有任何偶然的结构，却有秩序和精心设计的外貌。

　　[XXXⅢ 83]"但是，如果那些根植于大地（terra）的物种要靠自然的技艺来维持自己的生命和活力，那么大地本身也一定是由同样的力量来维持的。这是因为，大地在被精子浸润之后，就会在自己的子宫里繁衍出所有的物种，并用自己的乳房滋养各物种的根系，以促进它们的生长；反过来，它自己又得到在它之上的、外在于它的自然元素的滋养。此外，它也呼出气体涵养空气、以太和一切天体。如果自然让大地繁茂兴旺，那么宇宙的其他部分也会遵循同样的生存原则。这是因为，物种的根系深植于大地，而动物则靠呼吸空气维生；并且，正是空气的帮助，我们才看到、才听到和才发出声音：没有空气，这些事情就做不成。事实上，空气甚至随着我们的运动而运动，因为无论我们去哪里，无论我们在哪里运动，它似乎都要为我们让道。[84]此外，一些基质被带到宇宙的中心，这是它的最低点；一些被从中心往上面带；一些环绕中心做圆周运动：这一切都构成了宇宙统一而连续的本性。这些构成宇宙连续本性的基质有四种，它们由某种基质变化为另一种：土生成水，水生成气，气生成以太；然后反过来，以太生成气，气生成水，水生成土这种最低的元素。这样，通过四种元素上下前后的持续变化，所有的事物都由之构成，从而保持了宇宙各部分之间的关联。[85]这种关联要么一定是永恒的（sempiterna），如其所示的那样；要么维持相当长的时间，几乎一直持续下去，无穷无尽。无论你乐于看到什么，自然都是宇宙的管理者。舰船的航行、军队的布阵——或者再拿自然的作品做一次比较——藤蔓或树木的生长，以及生物肢体的形状和结构，难道这些都意味着，自然中的某部分所拥有的技

能可以像宇宙本身所拥有的一样多吗？这样，要么主张任何东西都没有受到有知觉之自然的统辖，要么承认宇宙正是这样被自然统摄。[86] 的确，宇宙将所有其他自然物及其种子都囊括在内，那它自己又如何不能由自然来统摄呢？比如，有人说牙齿和作为发育标志的头发是自然创造的，但却说人自身不是自然创造的。那么，他就没有明白，创造者一定比创造物更完美。[XXXIV] 现在可以说，宇宙就是所有被自然统摄之事物的起源、元祖、父母、培育者和哺育者，它滋养和维持（nutricatur et continet）这一切，并将其纳入自己而成为自己的一部分。但是，如果宇宙的各部分是由自然统摄的，那么宇宙本身也是如此。无论如何，自然的管理没有丝毫闪失，因为自然已经创造出其基质能够产生的最好的东西。[87] 如果否认，那就说一说还有什么更好的东西可以被创造出来。但是，从来就没有人说得出来；无论谁试图改进任何东西，他都要么会让情况变得更糟，要么会无功而返。

"但是，已知宇宙的各部分都如此这般，以至于它们不可能被改造得更有用或者更漂亮。让我们看看它们是否偶然的产物，或者除了理性和神意的指导之外，还有没有别的什么东西能将它们如此连接在一起。如果自然所成就的东西比技艺所完成的东西更优秀，如果技艺没有智慧的参与就什么都完不成，那么我们就不应该认为自然缺乏智慧。如果你看到一尊〈栩栩如生的〉雕像或一幅〈惟妙惟肖的〉画作，你就知道技艺在里面起了作用。当遥望船的航行，你会确信它是凭借技艺和智慧来操作的。如果看到一个计时器，你会明白无论是用线条来标记，还是用水滴来表示，时间都是通过技艺来指示的，而不是随意糊弄的。宇宙的情况也是如此，宇宙包含这些技艺的成品及其创造者，而且包含其余所有的事物，那么你是如何设想出它缺乏谋划和理性（consilii et rationis）的呢？[88] 我们的朋友波西多纽最近建造了一架天球仪，它的每一次旋转都会带动太阳、月亮和五大行星相应地旋转，就和它们在天空中日日夜夜地运行一样。设想有人想把这个仪器带到司提亚（Scythiam）和不列颠（Britain），纵然那里的化外之人也都不会怀疑天球仪是智慧的结晶。[XXXV] 然而，伊壁鸠鲁派质疑万物由之出现和创生的宇宙，争论它是偶然的结果，还是某种必然的产物，或者是神圣的理性和智慧的成果。他们认为，阿基米德（Archimedes）在模仿天体运行方面的成就胜过自然相应的创造，尽管原作比仿品精巧得多。[89] 比如，阿克齐乌斯（Accius）诗中的牧羊人以前从未见过船。他从山上眺望，阿尔戈英雄（Argonauts）的那艘由神明安排的崭新大木船正在远方乘风破浪，他顿时感到惊奇，并紧张地叫道：

> 巨大的物体疾驰而来，
>
> 从大海深处，回荡着轰鸣和呼啸。
>
> 乘着波涛翻滚，旋涡飞旋，
>
> 把自己的头抛向前，浪花四溅。
>
> 你料想，厚厚的乌云席卷，
>
> 狂风骤雨惊起飞沙走石，水柱冲天，
>
> 巨浪袭来，陆地被大海吞没。
>
> 又或者，特里同亮出三叉戟，天塌地陷，

> 海水汹涌，石块投掷向青天。

他一开始疑惑这个他看到的东西，弄不明白。后来，当他看到年轻的战士，听到船夫的号子，他说：'疾驰的海豚喧闹着，迫不及待地用它们的鼻子开路。'许多幻象也浮现在他的脑海，'歌声就像西尔瓦诺斯（Silvanus）的风笛，听着听着，乐曲渐渐入耳'。[90]同样地，虽然牧羊人以为一眼看到的是没有生命和意识的东西，但后来有了可靠的迹象，便开始怀疑这个他拿不准的东西有什么样的性质了。哲学家们也应该这样做。如果对宇宙的最初看法让他们感到困惑，后来他们看到宇宙确定而规律的运动，以及万物是如何由一种固定的秩序和不变的定式来管控的，那么他们就会意识到，在这个神圣的天上宫阙居住的不仅是居民（habitatorem），而且是统治者（rectorem）、调控者（moderatorem），甚至可以说，是一位如此宏伟而不朽工程的建筑师（architectum）。

[XXXVI]"然而，在我看来，他们甚至都没意识到大地上和天空中的事物是多么奇妙。[91]首先，地球位于宇宙的中心，它的四面八方都被我们呼吸的气元素包围着。这种元素的名称是'aër'。它是希腊语词；确实是，但这样用，我们的同胞也可以理解，因为它已经成了普通的拉丁词汇。气又被无边无际的以太包围着，以太由最高的火组成。我建议，我们也借用这个词，把'aether'像'aër'一样拉丁化，尽管帕库维乌斯（Pacuvius）为他的读者做了翻译，如下：

> 我所说的东西，我们称作天（caelum）
> 希腊人叫'以太'。

这弄得好像不是希腊人在说话！你会说：'他在谈论拉丁语哩。'如果我们听不出他在议论希腊语，那么确实是这样。但是，帕库维乌斯本人在另一篇文章中表示：

> 我出生在希腊：我的语言表明了这一点。

[92] 然而，让我们回到更重要的问题上。接着，从以太生出无数炽热的天体，其中的首领是太阳，它光芒万丈，照亮了一切。它的力量和体积都几倍于地球。接下来是其他不可计数的星群。虽然这些炽热的星体巨大且众多，但不仅对地球和地球上的事物没有伤害，反而有益。如果它们的位置发生了变动，那么地球将不可避免地毁于它们的暴热，因为这时热量就不再被控制和调节了。

[XXXVII 93] "有人竟然说服自己相信，存在某些固体的（solida）且不可分割的（individua）物质粒子，它们因自身的重量（gravitate）运动，而且如此美丽和令人惊叹的宇宙正是由这些粒子的偶然交汇（concursione fortuita）形成的，这难道不令人惊诧吗？我不明白为什么这些人会那样认为，却不这样想一想，如果字母表 21 个字母中的每一个都无限多，它们用金子或者其他你想要的任何材料制成，将它们扔在某个地方，在地上摔得稀碎，那么它们可以拼凑出恩尼乌斯的《编年史》（Annols）供人流畅地阅读吗？我觉得，哪怕偶然的奇迹降临，也凑不出半句诗来！[94] 然而，正如你们所断言的那样，既无热量（calore），也无其他任何性质（qualitate，希腊人称之为 *poiotes*），更无知觉（sensu）的微小粒子仅仅靠运气偶然地碰撞在一起，就产生了宇宙；并且，时时刻刻都有无数的世界或产生或消亡。但是，如果原子的撞击（concursus）能形成宇宙，为什么它们不能形成一个门廊、寺庙、房子、城市，造这些东西岂不更便当、更容易？真的，他们在宇宙问题上说了一大堆不经大脑的废话，这让我们觉得，他们从未仰望过那幻妙的天界——这是我们的下一个话题。现在，我们终于可以理解亚里士多德说话的精妙了，[95] 他说：

> 假如有些人总是住在地下亮堂舒适的房子里，里面装饰着雕像和绘画，配备着那些被认为是富裕人家才够享用的一切东西。然而，他们从未到过地面上，只是道听途说，了解到某些神圣力量和本性的存在。之后，在某个时候，大地裂出一个大豁口，他们才得以从那深藏地底逃出来，来到我们居住的地方。当他们突然看到陆地、海洋和天空，望到云的涌动，感到风的呼啸；仰望太阳，不仅了解到它的大小和美丽，而且还见识到它的威力，因为它光芒万丈造成了白昼；当夜幕笼罩大地之后，他们又遥望整个夜空的星光灿烂；月亮的盈亏，月光忽明忽暗；天体的升降，运行恒常。当他们看到这一切，他们肯定会相信众神的存在，相信这些正是众神的伟大作品。

[XXXVIII 96] "这是亚里士多德说的。就我们自己而言，让我们想象一下，埃特纳（Etna）火山的爆发，一片黑暗笼罩四野，有两天时间都模模糊糊，人们彼此之间难以辨认。到第三天，太阳才探出头，人们仿佛重新活了过来。但是，如果经历了永恒的黑暗之后，同样的光亮突然出现在我们面前，那么天空会呈现出什么面貌呢？因为日常的重复和不断的视觉体验，心灵对光线已经很习惯；至于那些寻常可见的事物，我们不会对它们的原因感到惊奇；即使

事物是新奇的，如果不重要，我们也不会探究它们的原因。［97］
一个人看到天空的变化如此规律，众星的秩序如此稳定，万物之间
如此相互联系和彼此协调，却否认这些事物中有理性的设计；时间
万有都统摄于某种智慧，它超越了我们智力的理解范围，但此人却
以为所有现象都是偶然的结果，那么这种人还算是见识过这一切的
人吗？或者，当我们看到任何一种东西——如天球仪或计时器或者
其他数不尽的东西——通过某种装置（machinatione）移动时，我
们毫不怀疑它们是理性的作品。但是，我看到天体以惊人的速度移
动，并以自身极致规律的运行引起季节年复一年的更替，从而确保
万物的欣欣向荣、生生不息，这时我们却在怀疑了。我说，难道我
们仍在怀疑这些现象不仅不是智慧的结果，也不是一种崇高（ex-
cellenti）而神圣（divinaque）智慧的产物吗？

　　［98］"我们现在可以抛开那些华而不实的论证，睁开眼睛看看
这些事物的美，看看它们如何由神意创造出来。［ⅩⅩⅩⅨ］首先，
让我们看看地球的全貌。它位于宇宙的中心区域，是固体的、球形
的，并凭借其引力将各个部分都聚拢起来，上面布满花、草、树和
果子，数不胜数，多种多样。还有那清凉的泉水常年流淌，澄澈的
江河浩浩荡荡；河岸葱葱郁郁，洞穴深不可测，岩石嶙峋嵯峨，悬
山高耸入云，平原无边无际。更有地下金银的矿脉和蕴藏无限财富
的大理石。［99］一群群的动物，既有驯养的又有野生的，绝不重
样！鸟儿飞翔歌唱，牛羊悠闲吃草，真是田园生活！我下一步该谈
一谈人类自己是怎样的。众所周知，他们被指派来耕耘地球。他们
既不允许地球成为凶残野兽的巢穴，也不允许它因荆棘杂生而荒

废。他们用双手耕种出千里沃野,营造出迷人的海岛,建造出灯火通明的海岸,上面的房屋和城市星罗棋布,难道不是这样?如果面对这一处又一处景观,我们能用眼睛看一看,用头脑想一想,那么当注视这整个地球时,就再也没有人会怀疑神圣的智慧了。[100]再回想一下,那波澜壮阔的大海!美得惊心动魄!那不可胜数、形态各异的岛屿!那给人带来欢乐的海岸和海湾!那形形色色的海洋生物,有些藏在大海深处,有些在水中漂浮和游动,有些裹着贝壳附着在岩石上!海洋自己渴慕大地,轻抚着海岸,仿佛海天一色,相互交融。[101]还有那与大海相邻的空气,它显示了白天和黑夜的对比。空气有时膨胀,变得稀薄,向上飞扬;有时变厚,聚集成云,凝聚水汽,形成雨水,滋润大地;有时旋动,来回生风。此外,它引起每年冷热的波动,也托举起鸟儿的飞翔,并输送气息维持生命的生长。[XL]在离我们自己的住处最远、最高的地方,还有环绕和包围一切事物的天空纽带,也被称为'以太',它是宇宙最外层的边缘和边界。在这个范围内,炽热的天体奇迹般地按照其规定和有序的行程运行。[102]其中的太阳,它的体积(magnitudine)远远超过地球,却围绕着地球旋转。日出日落造成白天黑夜。它来回交替,因而每年有两次到达行程中或远或近的极点。因此,可以说,地球的脸时而阴沉,时而明朗,大地和天空似乎是喜乐相随的。[103]正如数学家们所指出的,月球的面积有地球面积的一半以上。它在与太阳〈的轨道〉类似的轨道上移动,但有时接近地球,有时偏离地球;它从太阳那里接收到光,又将光送向地球,而光也有明暗之别。此外,它时而在太阳之下,位于太阳与地球之间，便掩住了太阳的光亮；时而与太阳相对，它自己处在地球的阴影之下，由于地球的阻挡和隔离而突然昏暗下来。行星就像我们所说的在类似的轨道上绕着地球旋转，以同样的方式起落。它们的运行时快时慢，甚至常常静止不动。[104] 再没有比这些更奇妙或更美丽的景象了。接下来，还有千千万万的恒星。它们分门别类，构成星座；竟被安排得如此精巧，以至于人们用相似的事物来为它们命名。"[XLI] 这时，巴尔布斯看着我说："我会引用你年轻时翻译的那些阿拉图斯（Aratus）的诗。① 我很庆幸，这些诗是拉丁语，所以我还能记得好一些句子。好吧，正如眼睛不断向我们报告的：这里没有任何变化或变易，

> 其余的天体迅疾地滑行，
>
> 日日夜夜与天一起运行。

[105] 任何一个希望了解自然的恒常规律的人都不会对思索天象感到厌倦。

> 世界在自己的轴上旋转，
>
> 这轴的末端被称为极点。

绕着极点旋转的'双熊星座'（duae feruntur）从不会陨落。'其中一个被希腊人称为狗尾巴座（Cynosura），另一个则被称为旋涡座

---

① 阿拉图斯，西里西亚人，鼎盛年约在公元前 3 世纪。在马其顿的宫廷，他将柏拉图的学生欧多克索斯（Eudoxus）的天文学写成诗文，另有天气预测方面的诗作；共计两本书，即《天象》（Phaenomena）和《预测》（Diosemeia）。西塞罗对前一本书的翻译，有三分之二保留了下来；后一本译作仅有少部分存世。

(Helice）.'旋涡座非常明亮，我们通宵可见。'我们的乡下人习惯叫它七耕牛星（Septentiriones）.'［106］较小的狗尾巴座也在天空的最高处运行，数量相同，排列也相似。

> 腓尼基人（Phoenices）信赖它，
>
> 是夜里驶向深海的向导；
>
> 尽管旋涡座的星光更加闪耀，
>
> 夜幕四垂，它立刻能被远远地看到；
>
> 虽然它狗尾巴座较小，
>
> 但水手却视为珍宝，
>
> 它在一个狭窄的圆圈里打转，
>
> 将极点紧紧依靠。

［XLII］"为了进一步展现群星的奇观，

> 它们之间就像有一条湍急的河流，
>
> 盘绕着狰狞的龙，
>
> 上下翻动，扭成弧形。

［107］这条龙的整个外形引人注目，而更让人印象深刻的是它头部的形状和犀利的眼睛：

> 不只是一颗星装饰在它头上闪耀，
>
> 两束光线从它太阳穴中迸射出来，
>
> 两团光在它凶恶的眼中一闪一闪，
>
> 下颚也亮闪闪有颗忽明忽暗的星，
>
> 脑袋倾斜才从粗粗的脖子上抽回，

你会说它把目光投向大熊的尾巴。

[108] 我们整晚都可以看到龙身的其余部分：

> 它的头朝那边，沉在大海，
>
> 时而藏身，忽而腾起，忽而冲下。

靠近龙的头，'有一个疲惫的人影，痛苦呻吟'，希腊人称此人为'跪着的人'（*Engonasin*）。因为，他们说：

> 它的移动，膝盖着地，
>
> 附近放着一个熠熠生辉的北冕（Corona）。

北冕就在龙的背后，而它头附近的是'蛇夫'（Anguitenens），

> [109] 希腊人称它为奥比丘（Ophiuchus），一颗明亮的星；
>
> 他双手紧紧握住蛇，加上双倍的力；
>
> 蛇扭动身躯将他缠住，
>
> 锁住了他的腰，蠕动在他的胸膛。
>
> 然而他用尽浑身力气重重地踩住，
>
> 天蝎座（Nepa）的眼睛和胸口。

七耕牛星后面跟着的

> 守护者（Arctophylax）通常称作牧夫（Boötes），
>
> 因为他在后边驱使大熊，
>
> 就像他驾驶着一辆马车。

[110] 在这驱赶者的胸部下边，

人们看到一颗闪烁的星，

这就是那著名的大角星（Arcturus）。

就在它下面运行着的

处女座（Virgo）光影流溢，

拿着一穗谷物。

［XLⅢ］"众多星座各就其位，恢宏广博，正彰显了神圣造物者的匠心：

双熊星座头的底下，你会看到双子座（Geminos）；

双熊星座中部的正下边，就是巨蟹座（Cancer）；

雄伟的狮子座（Leo）体内火焰轰轰烈烈；

就在双熊星座的脚掌边。

之后是御夫座（Auriga），

将被发现在双子座的左下方移动；

旋涡座的头正对着它，目露凶光；

明亮的雌羊座（Capra）紧紧抓住了他左肩。

然后呢，

现在雌羊座赢得伟大而辉煌的名号，

但童孩座（Haedi）献给凡人的光却很昏暗。

在御夫座的脚下，

是体魄强健的金牛座（Taurus），

辛苦劳作。

[111] 它的头上洒满了一团星云，'这些希腊人习惯称作许阿得斯（*Hyades*）'，意味着它带来了降雨。我们的同胞无知地称其为'苏库猡'（Suculoe），就好像它是从'猪'这个词而不是从'雨'而得名的。那个较小的七耕星座附近有仙王座（Cepheus），伸出手紧跟在后面。'因为它自己就在狗尾巴座后面转。'在它之前的是

> 仙后座（Cassiepia），星光黯淡；
>
> 它身旁却熠熠生辉，
>
> 仙女座（Andromeda）避开母亲悲伤的目光。
>
> 那边的飞马座（Equus）抖动着鬃毛，油光闪耀，
>
> 腹部触碰到仙女座的头顶，就像连缀在一起的星，
>
> 渴望永远地结合在一起，
>
> 仿佛孪生，映出同一片光芒。
>
> 旁边是白羊座（Aries），羊角缠绕。

靠近它的是

> 双鱼座（Pisces），其中一个稍稍在前运行，
>
> 会被北风（Aquilonis）的阵阵气息侵袭。

[XLIV 112]"仙女座的脚下是英仙座（Perseus）的身影，

> 他在天空最顶端；
>
> 北风呼啸，晃晃悠悠。

靠近它的左膝，

你会看到昴宿星团微弱的光。

下一个是天琴座（Fides），是浅浅的拱形。

在辽阔天空下有扇动翅膀的天鸟座（Avis）。

靠近飞马座头部的是水瓶座（Aquarius）的右手，随之而来的是星座的全貌。

然后在更广阔的天空里出现了摩羯座（Capricornus），

半个兽身，吐出一股来自他强壮胸膛的寒气。

当泰坦（Titan）给他披上一片金光，在冬至的时候，

他把战车引到另一个方向。

[113] 在这里，也可以看到，

天蝎座高高地升起，强健的尾巴拖着弯曲的天弓座（Arcum）。

在它附近，天鸟座抖动着翅膀。

天鹰座（Aquila）璀璨生辉，振翅高飞。

接下来是海豚座（Delphinus），

猎户座（Orion）向前蜷缩着，

[114] 紧跟在它后面的是

那燃烧的天犬座（Canis）闪烁着星星的光芒。

随之而来的天兔座（Lepus），

它疲惫的身体从不懈怠地奔跑。

在天犬座的尾巴旁边，南船座（Argo）缓缓地滑行。

白羊座和双鱼座掩映着它。

好像闪闪发光的船身搁浅在银河（Fluminis）的岸边。

你会看到银河蜿蜒绵长，

你将看见长长的锁链

揪住双鱼的尾巴。

明亮的天蝎座的刺旁，

你看到天坛座（Arae），它上方南风轻拂。

近旁，半人马座（Centaurs）

闯向前，匆忙地把马的四肢连到钳子下边；

他伸出右手，缚住一头巨大的野兽，

狠狠地把它摔在闪闪发光的天坛上。

在这里，从下面的地方，长蛇座（Hydra）升起。

它的身体伸开得很远，

它的中央包裹着金灿灿的巨爵座（Cratera），

它的后边有乌鸦座（Corvus），

托着羽毛的身体，艰难地用喙啄食。

就在双子座的下面，看到天犬星（Canem），

它在希腊的名字是普洛库欧恩（Prokyon）。

[115] 难道任何一个头脑清醒的人会认为，所有星星的组合，天空的伟大秩序，都会产生于偶然而随机地往返运动着的原子吗？或者，他会相信，任何一种缺乏心灵和智慧的自然能创造出这一切

吗？事实上，创造它们不仅要靠智力，而且要理解它们的本性，也必须有相当程度的智慧。

［ⅩⅬⅤ］"不仅这一切让我们惊叹不已（admirabilia），而且没有什么能比宇宙的本性更震撼人心的了。它是如此稳定（stabilis），如此密切地联系在一起（cohaeret），甚至想象不出有什么东西能比它更易于持存（permanendum）；它的每个部分都带着同等的压力从各个方向往中心聚集。此外，当聚合的众天体好像被一条缠绕着它们的链子绑在一起的时候，它们的统一关系最为持久。这就是贯穿整个宇宙的自然原则的作用方式，它凭借智慧和理性驱使万物，外层的事物被吸引和转移（rapit et convertit）到宇宙的中心。[116] 因此，如果宇宙是球形的，因而它的各个部分都彼此依靠、相互支撑，保持普遍均衡的状态，而形成一个整体，那么，地球也必定如此。就是说，地球的所有部分都往中心聚合，因为此处是球体的最低处。并且，没有谁能够打破这种连续状态，动摇这种强大的重力和压力（gravitatis et ponderum）。同理，尽管海洋浮于大地之上，但由于它〈在重力的作用下〉向地球中心聚集，所以从各个方向聚集而形成与地球一致的形状，绝不会从大地上溢满，倾泻出来。[117] 再者，空气与海洋相连，尽管如此，它还是轻盈而升腾，并向四面八方扩散开来。因此，它一方面与海洋密切联系并结合在一起，但另一方面又因其本性升上天空。并且，它在天空中逐渐稀薄，又因热气变得舒缓，所以动物呼吸空气得以生存和健康。那将空气封住的东西是天空中最高的部分，名叫'以太'。它保持自身的炽热，干净透亮，没有一点儿杂质。同时，它又与空气的最

外层边缘相接触。［XLVI］众星在以太中运行，它们由于自身的重力而成球形，并由此联系在一起；同时，它们以其真实的形状和轮廓保持一定的运行状态。这是因为，它们是球形的，而如我先前所讲，这种形状是最不可能受到伤害的。［118］另外，众星具有炽热的本性，它们获得来自地球、海洋和其他水域蒸汽的供给。这些蒸汽是由于太阳加热土壤和水而蒸发上去的。众星和整个以太都得到蒸汽的滋润与补给，之后又倒回来将这些蒸汽送回地上，然后又以同样的方式吸上去。这里的蒸汽几乎没有什么损耗，或者仅有众星的火和以太的火焰消耗掉一些。我们学派认为，鉴于如此消耗的情况，存在一种观点，就是过去帕奈提乌斯（Panaetius）质疑过的观点会是真的，我指的是整个宇宙将毁于大火（ignesceret）。这是因为，当水分耗尽时，大地就得不到滋养，就再也不会有回流的空气了；没有水，就无法循环了。于是，他们说，除了作为动力的火之外，没有任何东西剩得下来，而一个活泼和神圣的世界将由火重新塑造出来，并且相应的宇宙秩序都会随之复归。［119］我本不想在众星的问题上啰里啰唆，尤其是所谓行星的问题。不过，它们竟是如此和谐（concentus），而这种和谐又是由它们自己的不同运行（dissimillimis motibus）构成的。例如，土星最高而冻结；火星居中而炽热；木星处在二者之间，故而明亮又温和；在火星之下又有两星，受制于太阳；太阳的光芒普照大地；而被太阳照亮的月亮则孕育、分娩和哺育万物。面对事物之间的联系和自然的和谐，这些维持宇宙和平的秩序，有人却漠然视之；我敢肯定，他从来就对这些事实不闻不问。

[XLVII 120]"现在，从天上事物回到地上的，智慧的自然在大地上展现出来的理性不也一清二楚吗？首先，从大地中生长出来的物种，因其根系而屹立不倒，并由根系从地球上汲取水分，从而以这种方式得到滋养，维持生命。树干被树冠或树皮覆盖，以御寒暑。再者，藤蔓借助须条缠住支撑物，就像用手握住一样；并向上攀缘，与动物别无二致。甚至据说，如果在附近种上卷心菜，它们就会从卷心菜那里往回缩，仿佛是在逃避某种有害或致命的东西一般，不想与之有任何接触。[121]接着，还有那些形形色色的动物，它们竟有维持各自物种（genere）的不同能力！一些动物包裹着兽皮，一些覆盖着毛发，一些生长着刚毛；我们还看到，一些披着一袭羽毛，一些套上一身鳞片，一些装备着兽角，一些插着用于逃跑的翅膀。此外，自然慷慨大方，为各种动物提供了丰盛的食物。我可以详细地展示动物身体中的各部分如何精巧地排列，并如何熟练地获取并消化食物，以及它们的四肢是如何奇妙地协作。其实，各个器官被包裹在身体内，就其性质和位置而言，没有一处是多余的，没有一处不是维持生命所必需的。[122]自然也赋予牲畜感觉和胃口（sensum et appetitum）。它们有了胃口，就有获取相应食物的冲动；有了感觉，它们就可以区分什么是有害的，什么是有益的。还有，一些动物通过行走来寻找食物，一些通过爬行，一些通过飞翔，一些通过游动。有些动物仅仅用牙齿和下颚咬住食物，一些用有力的爪子或钩状的喙来叼取食物。有些动物吮吸进食，一些撕咬进食；一些吞咽，一些细嚼。此外，有些动物身材低矮，很容易用嘴接触到地面上的食物；[123]而那些个子较高的动

物，如鹅、天鹅、鸥和骆驼，则借助长颈够到食物。长鼻子长在大象的身上，因为它特别高大，否则难以进食。［XLVⅢ］另一方面，对于那些以其他动物为食的野兽，自然给予它们力量（vires）或速度（celeritatem）。自然也赋予它们某种捕食技能。比如蜘蛛，其中一些织网，以便迅速逮到任何一个被缠在网里的东西，而另一些则等待，碰巧抓住落入它们藏身之处的东西，然后吞掉。有一种贝（Pina，在希腊语中也是这样命名的），它有两个大壳，一直张开着。它为了获取食物，就与小虾结成伙伴关系。当小鱼游进它张开的壳里，受到小虾的提醒，它便立马将壳扣上。这种方式的捕食是由两个彼此不同的小生物共同完成的。[124] 对此，人们不可能不好奇，究竟是它们自己聚到一起而彼此协同，还是它们一出生就被自然结合起来了。还有一些原因让人们对出生在陆地的水生动物感到惊奇。例如，鳄鱼、河龟和一些蛇。它们虽然不是在水中出生的，但是一旦能够爬行，就能找到水域。事实上，我们经常把鸭蛋放在母鸡的下面，从蛋里孵出来的鸭仔最初是由母鸡抚养的，就好像母鸡就是它们的妈妈，因为母鸡孵化和照顾了它们。但后来，它们一见到赖以生存的水，就会觉得这才是它们的天然家园。于是，它们离开母鸡，冲向水域。自我保存（conservandi）的本能何其强大，它由自然植入生命的体内！［XLIX］我还在某处读到过，有一种叫琵鹭（platalea）的鸟，它在那些潜水捕食的鸟的上面飞，以此获取食物。一旦有鸟带着鱼从水里出来，琵鹭就不停地啄它的头，直至鸟松开猎物，就将食物夺走。据说，这种鸟先将贝壳吞到肚子里，用胃里的热消化一下，再吐出来，从中选出那些可以吃的贝壳。[125] 据说，海蛙习惯藏在沙子里，在水边移动。当鱼靠近它，就立刻把鱼杀死并吃掉，就像用饵捕鱼一样。在鹭和鸦之间有一种自然的敌对关系。只要发现对方的蛋，就会立刻毁掉。亚里士多德观察到，天鹅跨越海洋前往温暖的地方，在路上会结成三角形的队伍。有谁不为此惊叹？它们用三角形的直角顶住空气，空气就从两边渐渐散开。这样，它们的翅膀如同船桨一般划动，飞行就得到了助力。三角形队伍的底部是顺风的，可以说，就像船尾一样。每只天鹅都可以把头和脖子放到前边天鹅的背上。领头的天鹅却不能，因为它没有什么可倚靠的。于是，它就飞到后面，这样就可以休息了；其中一直在休息的天鹅就接替领头的位置。在整个迁徙过程中，它们一直这样交替飞行。[126] 我还可以举出很多类似的例子，但你已经可以了解个大概了。此外，更为人所知的是动物如何预警来保护自己。它们在进食的时候会环顾四周，在蜷缩休息的时候会隐藏自己。[L] 还有一些神奇的事情。狗用呕吐来治愈自己，埃及的朱鹭则通过洗胃来治愈自己，这是医生最近才发现的疗法。据说，在蛮荒之域，黑豹吃了有毒的肉，却有疗法解救自己，逃脱死亡。克里特岛（Crete）的野山羊被猎人的箭刺穿后，会寻找一种叫作‘若牛至’（dittany）的药草。它们吃了这种药草，箭就会从身体里掉出来。[127] 此外，马鹿在临产前不久会用一种叫作鹿耳朵（seseli）的小药草彻底净化自己。我们也看到，每一种动物如何抵御攻击，并以自己的武器威吓敌方。公牛用角，公猪用獠牙，狮子用利齿；一些动物靠飞行保护自己，另一些靠躲藏；乌贼喷出黑色的汁液，电鱼发出麻痹敌方的电，而许多动物则排出难以忍受的恶臭赶走追捕者。

［LI ］"现在，神意付出了巨大的努力，以保持世界的构造，确保不同种类的动物、树木，以及所有〈其他的〉植物生生不息。后者体内都包含某些种子，这些种子具有一种由一生多的潜力。它们被包藏在每一种植物果实的最里面。这些种子可以被人自由地取用，而相应的植物不断生长，种子就会充盈大地。［128］神意为了动物的保存而如何设计，如此明显，还需要多说吗？首先，它们被分为雄性和雌性，这是自然为了它们的繁衍而设计出来的。其次，它们的身体构造非常适合受孕和生育，并且在雄性和雌性之间还有一种特别的交媾欲望。现在，精子在子宫里扎下根来，就吸收全部的营养，并被包裹起来而形成胚胎。一旦胚胎从子宫里出来，几乎母亲所能提供的一切食物都会分离出来，变成奶水，那些靠奶喂养的动物都是这样。幼崽不用学习，就会自然而然地寻找母亲的奶头，从母亲那里汲取丰富的营养。我们要明白，这些事都不是偶然的，而是自然预先谋划和精心安排的结果。像猪和狗一样的动物，一次可以生出多个幼崽，因而有多个乳头；而那些一次生出很少幼崽的动物，乳头就很少。［129］你看那些牲畜养育和保护它们的后代，从它们出生开始，一直到它们能够保护自己为止，其中有多少怜爱（amor），不用多说了吧？尽管据说，鱼产卵之后就不管了，因为这些卵很容易在水中保存，并且幼苗也很容易孵化出来。［LII］据说，乌龟和鳄鱼上岸产蛋，会把蛋埋起来，之后就离开了。因此，它们的幼仔自己孵化，自己长大。母鸡和其他所有的鸟类都会寻找一个安静的地方下蛋，铺好窝和巢，尽可能让身体下边铺得

柔软，以便有舒适的空间来保护鸡蛋的安全。它们也对鸡仔关心备至。当鸡仔从蛋中孵化出来时，它们就用翅膀护住，以免鸡仔受冻；如果太阳炽热，就给鸡仔遮阴。不过，幼鸟刚使用翅膀的时候，翅膀还很柔弱。母亲们尽管还会陪伴着它们飞行，但之后就不会过多关照了。[130] 此外，人类的技能和勤奋也有助于某些动植物的保存与安全，因为许多兽类和植物若没有人类的照顾就无法活下来。

"在不同的地方都发现了各种各样的设施，它们为人类的种植和丰收提供了便利。埃及的尼罗河（Nilus）泛滥，土地整个夏天都会被河水淹没。当洪水退去，留下了软化和覆盖了泥浆的土壤，而这土适合种植。幼发拉底河（Euphrates）给美索不达米亚（Mesopotamia）提供了肥料，可以说，每年都会带来新鲜的土地。印度河（Indus）是所有河流中流域最广的，它不仅供应并软化土壤，也在土里播种，因为据说它携带了大量类似谷物的种子。[131] 我还可以列举出在其他地方发生的许多值得注意的现象，以及许多沃野滋养不同作物的例子。[LIII] 可见，自然是多么仁慈，生产出的食物是如此多样且丰富，如此香甜可口；并且，在每年的不同时间都有产出；这样，我们就可以不断地满足于食物的新奇和充裕。她所赐的地中海季风（ventos Etesias）是多么及时，不仅对于人类，还对于动物，以及一切从大地上生发出来的物种都有益处。这是因为，正是季风的气息缓和了过多的热量，也正是它们能迅速而安全地引导船只在海上航行。还有许多事实都只得略过了〈，不过已经说得很多了〉。[132] 因为我不可能尽数河流的好处，海浪的潮起潮落，郁郁葱葱的山，远离海岸盐坑、长满药材的土地，以及为生存和生活所必需的种种技艺。此外，昼夜交替为生物划分了作息时间。因此，无论从哪个方面考虑，我们都可以得出结论：宇宙中的一切都为神圣的智慧和理性所统辖，以确保万事万物的安全和保存。

[133]"人们会问：干了这么大的工程到底是为了谁？是为了草木，尽管它们没有感觉，但还是由自然滋养着？不，这无论如何都是荒谬的。是为了动物吗？这同样不可能，众神不会为了那些愚蠢又无理性的动物劳心劳力。那么，有人会问：宇宙究竟是为了谁而创造的呢？毫无疑问，是为了那些有理智的生物。就是神和人，他们是无可匹敌的优异者，而理性是所有事物中最优秀的。因此，肯定的是，宇宙及其一切都是为了神和人而创造的。

[LIV]"我们如果审视人类的整体结构，以及人类所特有的形象和完美（figura atque perfectio），就可以更容易理解不朽众神对人类的关照。[134]有三类事物可以维持动物的生命，即食物、水和空气。嘴特别适合获取这些东西，而鼻孔又与之联系在一起，便可以呼吸充足的空气。由于口腔中牙齿的挤压，食物被咀嚼，直到碎成残渣。门牙锋利，将食物咬碎。后牙被称为臼齿，咀嚼食物，咀嚼时似乎也有舌头的辅助。[135]舌头终于咽喉，它们根连在一起，嘴获取的食物最先滑入咽喉附近。咽喉的两侧靠着扁桃体，并终于腭的内端。舌头工作和运动，将食物推送下去，咽喉接收到食物后，就把食物继续往下送，几乎可以说，是往下推。咽喉较低的部分可以吞咽稀的食物，而较高的部分则吞食干的食物。[136]毛乎乎的管道或者气管，正如医生所说的，它的开口靠近舌根，略高

于舌根的部分与咽喉是一个整体，它一直延伸到肺。它通过吸气获得空气，从肺呼出并吐出同样的气息。因此，它被一个小盖子盖住，以防止呼吸被任何意外掉入的食物中断。胃在咽喉之下，它的构造就是用来容纳食物和水的，而空气则是由肺和心脏供给的。胃有好多地方都是被精心设计出来的；它主要由肌肉纤维组成，其中层层叠叠、一圈一圈地搅在一起。因此，它所接收的食物，无论是固体的还是液体的，都被压缩和保持在它里边，以便被消化和吸收。它交替收缩和膨胀，因而它无论收到了什么，都可以将其结合并混合到一起。由此，胃通过分解食物和接收空气产生丰富的热量，所有食物都可以被这些热量消化和消耗。之后，营养可以很容易地扩散到身体的其余部分。[LV] 相反，肺的质地松散，像海绵一般柔软，这格外适合呼吸。它时而收缩呼气，时而膨胀吸气，以便维持生命的主要营养即空气可以被源源不断地吸入。[137] 接着，胃从其他食物中分泌出消化液，液体通过特定的管道或通道从肠道流向肝脏。这管道直接通向位于肠道中部的所谓的'肝门'，它又延伸到肝脏并与肝脏相连。从肝脏出来，许多管道往不同的方向延伸；食糜通过这些管道从肝脏往下分散。由这些食糜分泌出胆汁，还有从肾脏排出液体；其余的食糜变成血液，并在体内流入前面提到的肝门，所有血管都通向那里。经过这一流动过程，食糜这时就被注入所谓的空心的静脉（vena cava）；并接着流动，至此被消化和吸收，最后被注入心脏。之后，它通过延伸至身体各个部分的静脉分散到全身。[138] 我也很容易说明食物残渣是如何由肠道的蠕动而被排泄的。尽管如此，还是略过吧，我可不想我的讲话引起不适。还是让我来谈一谈下面这些自然的神奇创举。吸入肺部的空气被呼吸运动加热，先是被吸入时加热，再是与肺部接触而变热。一部分空气在呼气时被排出，另一部分则聚集在被称为心室的地方，它与另一半类似的心室相连。血液通过前面提到的静脉从肝脏流到这里。通过这种方式，血液经由静脉从这些器官扩散到全身，空气则经由动脉遍布全身。整个身体都交织着大量的静脉和动脉，它们见证了非凡力量的艺术和神圣的杰作。[139] 我该怎么描述骨头——它们是身体的框架？它们被精巧地建构在一起，设计得刚好能保持稳固，适合四肢的舒展，进行运动和各种身体活动。除了这些，我们还必须提到神经。神经将关节保持在适当的位置，并在整个身体上编织成了一个网络。它们就像静脉和动脉那样以心脏为始发点而向外发散，从而贯穿整个人体构架。

[LVI 140] "除了自然的这些精心筹划和灵巧设计之外，我们还可以找到更多的实例，说明众神赋予人类的伟大而特殊的天赋。首先，众神让人类高大挺拔，能够直立在地面上。这样，人类就可以抬头凝视天空，获得关于神圣存在的知识。这是因为，人类是由大地构成的，不是大地上的居住者和占用者，而是头顶上那些空中事物的观察者（spectatores），这种观察是其他生物不配拥有的。再者，作为外界事物的中间人和报告者的感官被奇妙地创造出来，并被放置在人的头脑（capite）中以供人类所需，就像装备在要塞里一样。于是，眼睛就像侦察兵一样，占据了制高点，四周的情况一览无余，从而顺利地履行了自己的职责。[141] 耳朵负责接收声音，而由于声音的特性是向上传播的，所以耳朵恰好就长在身体的

上方。鼻孔的位置高高的也很适宜，因为所有气味都向上升腾。并且，它们长在嘴的附近也不是没有道理的，因为它们对食物和饮料的辨识也是很有必要的。因为味觉器官是用来享用我们的各种维生之物的，所以它位于嘴的那一部分，而嘴是自然为我们的吃喝打开的一处通道。另外，触觉在整个身体上都有分布，这样我们就能感受到每一次冲击、每一丝冷热刺激。此外，这就像建筑师把房屋的下水道移到房子的后边，避开房主的视觉和味觉，否则一定会在某种程度上引起房主的不适。因此，自然已经将相应功能的器官驱逐到了远离这类感官的地方。

[LVII 142]"自然的灵巧是无与伦比的，那么除了自然之外，还有什么工匠能够在感官上进行如此细致的创造呢？首先，他用最轻薄的膜覆盖并包裹住眼睛，以便眼睛清澈透亮，获得视力；同时薄膜又牢固，是眼睛的外层保护。他还赋予眼睛平移和转动的能力，这样既能避开任何伤害眼睛的东西，又能很容易地把目光对准它们想看的地方。在眼睛里，我们借以看东西的实际位置是所谓的瞳仁（pupula）。它们很小，因而易于避免可能的伤害。眼睑是眼睛的遮盖物，摸起来非常柔软，这样就不会伤到眼睛。它们被造得十分方便：它们一关上，就没有什么东西可以戳到瞳仁；也可以打开，露出瞳仁。并且，自然还费尽心思，让它们能够连续而迅速地完成开合。[143] 眼睑又被一种像栅栏的睫毛保护着：眼睛睁开时任何掉下来的东西都会被它们弹走；而我们睡觉时，它们就会合上，这时我们不需要看东西，它们也卷起来休息了。此外，眼睛的优势还有，它处在低凹的地方，被脸的突出部分围在中间。这里的好处就

是，首先，眼睛上方的部分覆盖有眉毛，当汗水从头上和额头上流下来的时候，就不会流到眼睛里；然后，脸颊正好在它下方，并逐渐突起，这就从下面护着它。鼻子所处的位置让它看起来像横在双眼之间的一堵墙。[144] 另一方面，听觉总是敞开的，因为它是一种我们甚至在睡觉时都需要的感觉，其实我们正是听到了声响，才从睡梦中醒来。听觉器官有一个蜿蜒的通道，这样一来任何异物都进不去；如果开口简单而笔直，就很可能发生类似的意外。我们还注意到，如果任何微小的生物确实想爬进去，那么它就会被附着到像粘鸟胶一样的耳垢上。在这外面有一个突出的部分，叫作耳郭。它是为了围住并保持听觉而被创造出来的，以免传来的声音在触发听觉之前就滑掉和溜走了。耳朵的入口很硬，像喇叭，有许多软骨。正是有了这些物质，声音才得以回荡和加强。这就是里尔琴能通过玳瑁壳或牛角获得共振的原因，也是声音从一个曲曲折折的封闭环境传来时可以放大音量的原因。[145] 同样，鼻孔通常也是通的，以满足特定的需要。它的入口略微收拢，因而任何可能伤到它的东西都无法进入。并且，它总是湿润润的，用来清除灰尘和异物。味觉器官受到的保护也令人赞叹不已，因为它被包在嘴里，这既适合它发挥自己的功能，也可以保障它的安全。

[LVIII] "此外，人的每一种感官都远远胜过其他动物的感官。首先，在视觉判断的技艺中，包括绘画、塑像和雕刻等，以及在身体的运动和活动中，人眼的洞察力表现得格外敏锐。眼睛审视美感和布局（venustatem atque ordinem），就是说，颜色和形状的搭配。它还审视其他更重要的事情。这是因为，它可以明辨德性

(virtutes)和恶习（vitia），识别愤怒（iratum）和平和（propitium），体察快乐（laetantem）和悲伤（dolentem），见识英勇（fortem）和懦弱（ignavum），清楚大方（audacem）和羞赧（timidumque）。[146]耳朵也有娴熟的鉴赏力。耳朵可以判断音乐的音高，区分管弦乐的不同音色和强弱，估算音量的高低；还可以鉴别不同的音质，清晰（canorum）或沙哑（fuscum），顺滑（leve）或粗糙（asperum），深沉（grave）或高亢（acutum），婉转（flexibile）和平实（durum），这一切确实只有人的耳朵才能识别。嗅觉、味觉，以及在某种方式下的触觉也都具有灵敏的辨别力。由此，各种技艺被发明出来，多得超乎我们的想象。它们取悦人的感官，供我们充分享受。显而易见，我们在神秘精油的配制、时令食物的轮换和华美服饰的制造方面已经有了长足的发展。

[LIX 147]"现在提一提人的心灵和智慧，包括人的理性、智慧和远见，如果某人不明白一切的完美都归功于神意，那么在我看来这种人本身就缺乏这些品质。科塔，在讨论这个问题的时候，我很想拥有你的口才。要是你来讨论，你会首先展示我们的智力（intellegentia），之后会阐述我们在理解活动中联系前提（primis）和结论（consequentium）的能力。凭借这种能力，我们能够辨别每项事例中的材料证明了什么，并经由推理而得出结论（concludimus）。我们定义（definimus）了每个概念，并将其严格限制在一定的范围内（circumscripteque complectimur）。在此，我们也就理解了这些效力，获得了认识的本性，这些即使在神明那里都算得上崇高的本性。此外，你们学园派所质疑和拒绝的那些能力是多么伟

大。我们通过感官和智慧来感知与认识外部事物；[148] 把这些事物结合起来并加以比较之后，我们可以发明出一系列技艺，其中一些是生活所必需的，另一些则用于享受（oblectationem）。再者，雄辩的力量是多么光荣、多么神圣。它是'万物的女王'，正如你们的雄辩家所说的这样。首先，它让我们能够获知我们所不了解的情况，并将我们所知道的传授（docere）给他人；其次，正是通过它，我们规劝（cohortamur）、说服（persuademus）和安抚（consolamur）受苦的人，让惊恐的人摆脱恐惧，让欢欣的人保持克制，并消除欲望和愤怒。正是它让我们团结在正义、法律和文明的秩序（urbium societate）之中，从而摆脱了野蛮和蒙昧的生活。[149] 我们如果仔细考察自然是如何规划人的言语机制的，就会感到这一切是多么不可思议。首先，气管从肺延伸到口腔的后部，源自心灵的嗓音经由气管被接收并释放出来。然后，嘴里有舌头，被牙齿包住，这样就可以操控和限制嗓音了。嗓音一喷而出的时候，声音是含糊不清的；要让声音清晰而准确，就要把它推挤到牙齿和嘴的其他部分。因此，我们斯多亚派才经常说，舌头像琴拨，牙齿像琴弦，而鼻孔像空腔，它在演奏中会引起弦的共鸣。

[LX 150]"自然赐予人类的双手适用于多种多样的技艺！由于关节灵活，手指可以随意地收缩和伸展，每一个动作都不受阻碍。因此，手带动手指活动，就能绘画、塑像、雕刻，还能演奏管弦乐。这些是娱乐的技艺。下面的技艺就是为我们所必需的了，我指的是耕种土地、建造房屋、制作衣服、编织或缝制，以及所有用黄铜品和铁制品从事的工作。由此可知，正是工匠运用双手，我们智

慧的发现和感官的观察才转变为我们所获得的一切便利，因而我们有房可住，有衣可穿，得以安身，并拥有了城市、卫城、宅院和神殿。[151] 再者，靠人的劳作，就是靠双手，我们获得了各种各样充裕的食物。这是因为，大地产出了许多靠双手维护的作物，有些要立即吃掉，有些则可以储存下来。此外，我们还从地上、水里和空中的生物那里获得食物，一部分是通过捕获，一部分是通过饲养。还有，通过驯服，我们创造了一种靠四足生物驱动的运输工具；驾驶它，就可以增强我们自己的速度和力量。我们驱使某些兽类扛起重担，或把轭架在它们身上。我们将大象敏锐的感官和狗的灵敏为己所用。我们从大地的洞穴中挖掘铁矿，这是犁地所必需的。我们发现了深藏于地下的铜、银和金的矿脉，它们既实用，又可用于装饰。我们砍伐树木，利用野生的或人工种植的各种木材。一方面，是为了生火以温暖身体，煮烂生硬的食物；另一方面，是为了建造房屋，以抵御炎寒酷热。[152] 此外，木材还为建造船舶提供了材料，我们便可以通过航行从世界各地获取各种用度。只有我们可以凭借航海知识，掌控海洋和风的力量，因为自然把它们创造得富于变化，如旋涡。这样，我们就能利用和享受许多海产品。同样，大地上所有资源的支配权也属于人类。我们享有平原、高山、河流、湖泊，我们播种庄稼、种植树木，我们建渠引水灌溉土地以增强肥力，我们限制水流，或疏通或引导。简而言之，我们通过双手的努力，在自然中创造了第二个自然（alteram naturam）。

[LXI 153]"此外，人类的理性不能通达天上的事物（caelum）吗？当然不是，只有我们这些生物才了解星辰起落和行程，我们定

义了日、月、年。我们已经清楚日食和月食的性质，并可以预测它们将在何时发生，是全食还是偏食。通过对天体的思考，心灵获得了关于**众神**的知识（cognitionem），并由这些知识生发出对神的虔诚（pietas），公正（iustitia）和其他德性（virtutes）也与之伴随，于是幸福的生活就随之而来了，而这种生活可与众神的生活媲美。如此，我们没有什么次于天上的存在者，除了终有一死之外，但这无关于好好地生活（bene vivendum）。这些事实历历在目，我想我已经充分表明了人类的本性在多大程度上超越了其他所有生物。我们也可以弄明白，人的形体和四肢的排列，以及心灵和智慧的力量，都不可能是偶然的结果。

[154]"我们可以由此得出结论：宇宙中的一切，以及人类所利用的一切，都是为了人类而创造和准备的。

[LXII]"首先，宇宙本身是为了神和人而创造的，而其中的种种事物是为了人的享用而设计和准备的。因为宇宙一直都是神和人共同的家园，或者说是属于二者的城市，因为只有他们可以运用理性，并按照公正和律法生活。这就像，我们必须假设雅典和斯巴达是为了雅典人和斯巴达人而建立的，我们也承认城市中的一切都属于这里的人民，因而整个宇宙中的任何东西都必定属于神和人。[155]此外，虽然太阳、月亮和其他天体的运行有助于维持宇宙的结构，但这还是给人类带来了一番新奇的景象。这是因为，这里没有一种景象会令人厌倦，没有哪种景象可以更美，更能以其智慧和精巧而引人注目。通过测量这些天体的运行轨迹，我们知道了它们运行周期中的顶点、类型和变化。如果只有人类明白这些事，那么

就必定推知，它们就是为了人类而创造的。[156] 大地上布满庄稼和各类植物，极其丰富。大地孕育这一切是为了飞禽走兽，还是为了人类？更别提葡萄和橄榄了，它们丰饶而香甜的果实都与动物没有关系。事实上，牲畜根本不知道在适当的时令播种、栽培或采摘果实，也不知道要将果实收集起来，放置和储存；只有人类才会实践和管理所有这些事。[LXⅢ 157] 我们必须说，里尔琴和长笛是为了那些演奏它们的人而制作的，因而必须承认我所说的那些东西也只是为了那些使用它们的人而准备的。即使某些动物会从人类这里偷走或夺取一些东西，我们也不会说这一切同样是为了它们而创造的。人类储存食物不是为了老鼠和蚂蚁，而是为了他们自己的妻子、孩子和一大家子人。这就是为什么我会说动物只是偷偷地享用一些吃食，而真正的主人才能公开而自由地（palam et libere）占用一切。[158] 因此，我们必须承认这些充裕的物资是提供给人类的，除非我们怀疑——那极其丰富而多样的果实，不仅以其滋味，而且还以其气味和外观来愉悦我们——这一切不是自然单独赋予人类的！不要说这一切既是提供给动物的，也是提供给人类的；因为众所周知，连这些动物本身都是为了人类而创造的。除了人类用羊毛纺织衣服之外，羊还能用于别的什么目的？事实上，如果没有人的关心和养护，它们就不可能被饲养而维持生命，或者产出任何利益。再有，狗的忠实看护；它们对主人摇尾乞怜，而对陌生人却很凶神恶煞；它们的嗅觉敏锐非常，可用以追踪；它们也渴望狩猎。如果狗不是为了人类的方便而创造的，那么这些属性又表明了什么？[159] 我们还用得着提耕牛吗？它们的背长成这样，说明它们注定不是承担重物的料，因为它们的脖子生下来就是安放牛轭的，其肩膀的力量和宽度正适合拉犁。黄金时代的人（aureo genere）没有对牛使用暴力，因为他们靠牛破开耕地的土块，就这样征服了大地。因此，诗人们说：

> 但是，制铁的后代突然兴起，
>
> 先是胆敢举起那把致命的剑，
>
> 刺那被人用手束缚驯服的牛。

人们认为牛有如此多的好处，因而以牛为食被认为是犯罪。

[LXIV]"列举骡子和驴的作用未免乏味，因为它们不可否认地是为了人类的使用而创造的。[160]至于猪，它除了提供食物之外没有任何用处。事实上，克律西波说过，猪的生命就是要用盐存续，这样就不会腐烂。既然猪可以很好地满足人类的食用之需，那么自然就让它成为最多产的物种。我还需要提到鱼和鸟的繁多与美味吗？我们从它们那里获得的快乐（voluptas）如此之大，以至于我们斯多亚派的'神意'（pronoia）有时看起来像是伊壁鸠鲁派的成员。如果不靠人类的智慧和技能，那么捕获它们是不可能的；虽然我们确实相信，某些飞翔的鸟和鸣禽，如我们的占卜师所说，被创造出来就是为了显示某些问题的预兆（augurandarum）。[161]再者，我们通过狩猎捕获野兽，是为了获取食物，也是为了在狩猎中锻炼自己，就像模拟战争的训练一样。并且，就像我们对大象做的那样，我们训练和培训它们，还是为了自己的使用。我们还从猎物的身体中提取一些治疗疾病和伤口的药，就像我们从某些植物和草药中提取那样。它们的有用特性是我们通过长期使用和试错

(usu et periclitatione) 确定的。你可以用心灵之眼来观察整个大地和海洋，你一眼就能看到富饶宽广的平原、植被茂盛的山脉，这些都是天然的牧场。你还会看到船只跨越大海，乘风远航。[162] 有用的物产也不局限于地表，还有大量的物产深藏于一片漆黑的地底，只有人才会发现，因为它们都是为了人而被创造出来的。

[LXV] "此外，对于前面关于预言能力的论证，或许诸位都会揪住不放；科塔是因为卡尔内亚德总是喜欢攻击斯多亚派，而威莱乌斯则是因为再没有什么比伊壁鸠鲁预测未来更可笑的事了。但是，在我看来，那些论证似乎是对神意操心人事的最有力的证明。因为占卜(divinatio) 确实存在，在许多地方、许多时候，以及在许多属于私人和更多地属于公共生活的事情上，我们都可以看到它实际的效用。[163] 好多事情都是预言家发现的，或占卜师预测到的，还有很多事情是由神谕、预言、梦境和预兆宣告的。了解到这些，人类往往可以趋利避害，从而满足自身的需要，实现自己的利益。那么，无论是以灵感、技艺的形式还是以自然能力的形式，这种洞悉未来的力量都毫无疑问来自不朽众神的恩赐——唯独给人类赐福。

"如果前面的论证一个一个地提出来，没能让你信服，那么你将它们都联系起来，论证的合力就一定会让你信以为真了。

[164] "不朽众神劳心劳力、精心筹谋，也不单单是为了整个(universo) 人类，也是为了每个(singulis) 人。我们可以试着缩减人类的总和，并逐渐减少到较小的数量，最后就到达了个人。[LXVI]这是因为，由于我先前说过的理由，我们相信，众神会为所有人操心，无论此人身居何方，在海滨，还是在远离我们所居住的这片大陆的他方。众神也一定会关心那些与我们居住在同一片土地

的人，这横贯日出和日落的地方。[165] 但是，如果众神照料那些生活在我们称之为'圆形大地'（orbem terrae）的广袤岛屿上的居民，那么他们也会关心生活在这个岛屿上的任何地方的人们，即欧洲人、亚洲人和非洲人。因此，他们也珍爱生活在如罗马、雅典、斯巴达和罗得岛（Rhodi）的人。并且，他们珍爱这些城市中的每一位市民，因为他们被视为从整个群体中划分出来的一分子。例如，在与皮洛斯（Pyrrhus）的战争中，他们表现出对库里乌斯（Curius）、法伯里基乌斯（Fabricius）和科隆卡尼乌斯的关心。同时，他们也关心第一次布匿战争中的卡拉提努斯、都厄利乌斯（Duellius）、麦特卢斯（Metellus）和卢塔提乌斯（Lutatius），还有第二次布匿战争中的玛克西姆斯、马凯卢斯和阿夫里卡努斯。其后，有保卢斯、格拉库斯、加图（Cato），以及我们父辈记忆中的斯基庇俄和莱利乌斯（Laelius）。另外，还有我们国家或希腊的其他众多英杰。我们必须相信，如果没有神助，那么他们中的任何一个人都不会成为这样的杰出人物。[166] 正是基于这种考虑，诗人，尤其是荷马，将众神与英雄联系起来，例如英雄尤利西斯（U-lysses）、狄俄墨得斯（Diomedes）、阿伽门农（Agamemnon）和阿喀琉斯（Achilles），众神与他们风雨相伴。此外，正如我前面提到的，众神常常显灵，表现出对自己治下的每个民族和每个人的关心。① 事实上，这也可以从未来事件的迹象中窥见一斑，因为众神

① 《论预言》（De Divinatione）第一卷中写到，西塞罗的兄弟昆图斯（Quintus）列举了两类预言：其一，"自然的"，就是释梦和通灵；其二，"人为的"，即脏卜和鸟卜，或者观察闪电和其他迹象。但是，西塞罗在"第二卷"予以回应，全然否认预言。

在人们醒着或睡觉的时候有所预示。我们从异兆、脏形和其他一些现象中得到了许多警示，便通过长期的经验积累，创制了占卜术。[167]那么，凡是伟人，都接收过一些神圣的灵感。我们不能反对这是事实，哪怕一场风暴糟蹋了某人的庄稼或葡萄园，或者意外夺走了他生命中任何美好的事物，我们也不能就此假设这些厄运发生在他头上，是因为他遭到了众神的憎恶，或者被众神忽视了。众神关心大事（magna），而不拘小节（parva）。对伟大的人物来说，他们事事如意（prosperae）。你看，我们学派的老师，还有哲学之父苏格拉底，都充分阐述过德性和财富（copiis）是多么充足（ubertatibus）。

[LXVII 168]"我心里想说的关于神圣本性问题的话，几乎全都摆在这里了。还有你，科塔，你要是肯听从我，也会提出同样的理由。你自己可要想一想，你既是一位举足轻重的公民，也是一位祭司。并且，既然你们学派可以自由地站在正反两方辩论，那么你还是选择到我这边来吧。把你从修辞训练中获得的辩才，以及在学园派那里学到的东西都尽情施展出来吧。因为反对诸神存在的论证是大错特错的，也是亵渎神明的，无论这样做是发自真心（ex animo），还是虚情假意（simulate）。"

第三卷

[I 1] 巴尔布斯说罢，科塔面带笑容地看着他，说："你告诉什么才是我应该辩护的观点，但太迟了，巴尔布斯。在你讲话的时候，我就在考虑如何反驳你，倒不是为了驳倒你，因为我还有些观点没能完全理解，还得探究探究。因为每个人都必须遵从自己的判断，要我按照你的建议来思考，确实有困难。"

[2] 威莱乌斯插话道："你不知道，科塔，我是多么急切地想听到你的发言。你对伊壁鸠鲁的批驳让我们的朋友巴尔布斯心情舒畅。那么，反过来，我也会专心致志地听你反驳斯多亚派。因此，我希望你像之前一样做了精心的准备。"

[3] "其实，我也希望如此，"科塔回答，"我与卢西留斯之间的争论同你我之间的争论还不大一样。"

"是吗？你发誓，"威莱乌斯说。

科塔回答说："因为在我看来，你们的创始人伊壁鸠鲁并没有实实在在地攻击不朽的众神，他只是不敢否认众神的存在而已，以免受到亵渎神明的抱怨和指责。但是，他宣称众神无所事事、漠不关心，还说他们拥有人一般的四肢却拿四肢没有用处。这里，他显得敷衍，以为断言了存在某种有福而永恒的本性就万事大吉了。[4] 另一方面，我想你注意到，巴尔布斯说得不少了，即使其中有违真理，其观点倒也首尾呼应、前后连贯。因此，正如我所说的，我提议不要过于反驳他的讲话，再让他解释解释那些我尚未完全消化的观点。那么，巴尔布斯，我还是留给你自己决定，是逐条地回复我所不理解的问题，还是完完整整地听我的发言。"

巴尔布斯回答："如果你想我给你解释些什么，我甘愿回答；但如果你向我提问不是为了更好地理解，而是为了反驳我，那么你想我做什么我就做什么，要么一口气回答你的每一个问题，要么在你讲完之后再统一回答。"

[5] "很好，"科塔说，"那就让我们说到哪里就做到哪里吧。[II] 但在我讨论这个问题之前，我来为自己说上两句。巴尔布斯，你得知道，你的权威对我不无触动，你结尾的那几句话确实提醒了我自己既是科塔本人，也是祭司（pontificem）。我想，这意味着，我应该捍卫我们从先辈那里得到的关于不朽众神的信仰，以及神圣的礼仪祭典（sacra caerimonias）和宗教义务（religionesque）。现在，我将永远捍卫这一切。任何人的言论，无论是鸿儒的还是白丁的，都不会让我背弃这些继承自祖先的有关不朽众神崇拜的信念。"

"但在宗教问题上，我跟随大祭司提比利乌斯·科隆卡尼乌斯、普布利乌斯·斯基庇俄和普布利乌斯·斯凯沃拉等人的观点，而不是芝诺、克莱安塞、克律西波等人的观点。我宁愿听蔡乌斯·莱利乌斯——他具有占卜师和哲学家的双重身份——在那场著名演讲中关于宗教的评论①，也不愿听任何一个斯多亚派领袖的发言。此外，罗马人民的整个宗教体系被划分为仪式（sacra）和占卜（auspicia）。还可以加上第三个部分，即西庇尔或预言家从噩兆和异象中得出的预警。我认为，这些仪式中的任何一项都不应受到蔑视。并且，我相信正是分别通过预言和制定仪式，洛摩罗斯和努玛才奠定了我们国家的基础。如果没有不朽众神给予我们的深情厚谊（placatione），我们的国家绝不会如此伟大。［6］巴尔布斯，你知道我的观点了吧，来自科塔本人和一位祭司的观点。现在让我理解你的观点，因为从你这位哲学家那里，我应该会得到关于宗教的某种合理解释，而我的责任是相信我们祖先的观点，哪怕他们没有做出过任何解释。”

［Ⅲ］“那么，”巴尔布斯说，“你要我解释什么呢，科塔?”

“你的论证，”科塔说，“可以划分为四个部分。首先，你希望论证众神存在；其次，阐述他们的本性；再次，指明宇宙由他们统治；最后，强调他们操心人类的事务。如果我记得没错的话，这些是提出的要点。”

“不错，”巴尔布斯说，“不过现在告诉我，你想知道些什么。”

［7］科塔说：“让我们依次考察每个要点吧。先是众神存在的

---

① 莱利乌斯在公元前143年成功地否决了一项提案。该提案建议将占卜师的共同选举权交由公民。

这一点，除了那些最不虔诚的人之外，人人都同意。谁也不能说服我放弃众神存在的信念，之所以相信是因为信赖我们祖先的权威，但你还没告诉我众神为什么是存在的。"

"如果你对此深信不疑，"巴尔布斯说，"为什么还来向我索要理由呢？"

科塔回答说："因为我在讨论这个问题的时候，就好像从来没有听说过，也从来没有思考过不朽的众神。就把我当作一名学徒，对这个问题一无所知，给我答疑解惑吧。"

[8]"那么，告诉我，"巴尔布斯说，"你想要听什么？"

"我想要听什么？"科塔说，"首先，我想知道，你曾说过不需要讨论这个问题，还说众神存在一清二楚，众所周知，那么为什么现在还要啰里啰唆地谈论。"

巴尔布斯说："我确实这样做了，因为我经常注意到你也是这样的。科塔，当你在审判广场发言时，如果轮到你做陈述，你当然会尽可能多地向法官摆出论据。希腊的哲学家也是这样做的，我自然也要竭尽所能。至于你问的，就像在问我为什么要用两只眼睛看着你，而不闭上一只，尽管我也可以用一只眼睛看到同样的景象。"

[Ⅳ9]科塔回答说："这些情况到底有多相似，是你自己说了算的。对我自己来说，在陈述一个情况时，如果某一点是不言自明的，那么我通常不会提出相应的证据去赢得普遍的赞同。这是因为，只要提出了证据，它本身的清楚明白（perspicuitas）就会有所减损。即便我在讨论法律案件时这样做了，我也不应该在讨论当前的问题时还这样做。不过，你闭上一只眼睛是没有道理的，因为两

只眼睛都有同样的视野，并且你也坚信自然是智慧的，它已下令我们应该拥有两扇窗，以便沟通心灵和眼睛。事实是，你不相信众神存在的观点会如你所想的这样显而易见，所以你才决心旁征博引来证明。然而，对我来说，一个证据就够了，就是众神存在的信念是从我们的父辈那里继承而来的。但是，你却藐视权威（auctoritates），要以论证（ratione）为武器。[10] 那么，就请允许我反驳你的论证。

"你提出了种种证据来证明众神存在，但你却让这些在我看来毋庸置疑的事情变得可疑起来了。我不仅要负责记住要点的数量，还要记住你论证的顺序。第一个论证是，当我们仰望天空时，我们霎时明白存在着某种神圣的力量，我们周围的世界由它统治。在这个条目下，还有这样的引文：

> 看看那边闪亮的星空，
> 都被冠以朱庇特之名？

[11] 这好像我们中的任何一个人都将'朱庇特'的称号赋予这位神明，而神庙里的那尊朱庇特却没有这个称号一样。至于那些天体拥有神性，你觉得是显而易见且广为认可的，但连你也仅仅是赋予它们生命，威莱乌斯，还有很多人都不允许！你认为关于不朽众神的信念是普遍的，并且还日趋增强，并以此作为有力的论据。那么，难道你觉得我们对要事的判断竟然会取决于傻子的信念，尤其是你们学派所说的那些傻子、疯子的信念吗？

[V] "但你说，我们看到了众神的真实形象，就像波司托米乌斯在瑞吉鲁斯湖，以及瓦提尼乌斯在萨拉里亚（Salaria）见到的那

样；还有一些关于洛克里人在萨格拉战斗的故事或各类传说。好吧，你说到廷达雷乌斯的子嗣，暗示他们是人，是凡人的后代。根据生活在离他们时代不远的荷马的说法，他们被埋在斯巴达。死后，他们骑着白色的老马，没有马夫；在瓦提尼乌斯面前显灵，向他宣告了罗马人民的胜利。此人只是一个乡巴佬，为什么他们不向当时的元老院首席加图宣布呢？那么，你是否也相信这块岩石上像马蹄的印记——直到今天在瑞吉鲁斯湖畔仍可见到——是卡斯托耳的马留下的？[12] 难道你宁愿相信任何被烧成灰的人都可以骑马战斗，也不愿相信像廷达雷乌斯子嗣这样的英杰灵魂神圣且永恒吗？或者，如果你说宁愿如此，那么你应该告诉我们如何这样，不要老调重弹。"

[13] "什么！你把它们当作老调子吗？"巴尔布斯说，"难道你没有看到波司托米乌斯在神坛附近奉献给卡斯托耳和波吕丢刻斯的庙宇吗？你不知道元老院关于瓦提尼乌斯的法令吗？更别提萨格拉了，因为在希腊人当中有一句常用的谚语，他们断言的时候，就会来一句：没有比在萨格拉发生的事情更确定的了。难道他们的权威在你那里没有分量吗？"

"啊，巴尔布斯，"科塔回答，"你用流言蜚语来糊弄我，但我要的是论证……"①

[Ⅵ14] "……有关未来的问题就随之而来了，因为没有人能逃避将要发生的事情。事实上，知道将要发生的事情往往是无益的，

---

① 科塔接下来的论证应该会过渡到预言和预兆的主题上，但现已佚失。比较本书2.7。

因为遭受毫无意义的折磨，甚至失去那最后的却是普遍的希望之安慰（solacium），也是可悲的。尤其是，你们还说过一切都是命（fato）中注定的，命运意味着一切都永远真实。如果将要发生的事情是一定会发生的，那么知道它会发生，这会给我们什么帮助，或者可以提供防止它发生的手段吗？另外，你们所谓的占卜术是从何而来的？谁发现了肝脏的裂纹的意义？谁注意到了渡鸦的寓意，以及抽签的指示？我不会不相信这些，我也不会轻视你所说的纳维乌斯那样的占卜师。① 但是，这些预兆是如何被理解的？这个问题我应该向哲学家请教，主要是因为你们的那些占卜师说过一大堆谎话。[15]'但是，医生也经常出错'——这是你们的托词。② 要我来说，医学和占卜之间有什么相似之处——医学的原理我还有所了解，而占卜的起源我却无从知晓？你还认为，献祭人牲可以平息众神的怒火。但神明竟是如此不公，非要让这些英雄死，才会与罗马人民重归于好吗？不，我们明白这是将帅的统兵之法，希腊人称之为'策略'（stratēgēma），是将军为了国家利益而慷慨赴死的手段；因为他们认为，如果自己策马扬鞭扑向敌人，众士兵就会跟随他们。事实证明，这的确只是一种军事手段而已。至于农牧神的声音③，我自己从来没有听到过。如果你说你听到过，我姑且信你，尽管我根本不知道农牧神是何方神圣。[Ⅶ] 到目前为止，正如你所关心的，巴尔布斯，我还不明白众神何以存在。我自己当然肯相

① 参见本书 2.9。
② 参见本书 2.12。
③ 参见本书 2.6。

信他们存在，但是斯多亚派却没能让我坚定这一想法。

[16]"例如，正如你所说的，克莱安塞认为，神明存在的观念在人心中的形成有四个途径。第一个途径源自对未来事件的预知（praesensione），我已经充分讨论过了；第二个来自风暴的侵袭（perturbationibus）和其他骇人的自然现象；第三个来自我们所享用的自然物产（commoditate）充裕而满足了我们的各种需要；第四个来自众星的秩序（ordine）和天空的恒常现象。至于预测方面的问题，我也有所考虑。说到天上的异象、海陆的灾害，不可否认，当它们发生时，很多人都感到害怕，并认为这一切都是不朽众神的神威。[17]但是，问题不在于是否有人相信众神存在，而在于众神是否存在。关于克莱安塞提出的其余理由，其中一个有关我们获益的丰富，另一个有关季节的秩序和天象的规律。对此，我们会在处理神意问题时再做讨论，而你巴尔布斯在神意问题上谈得很多了。[18]你引用克律西波的说法，称因为宇宙中的事物有一些不可能由人创造出来，所以必定存在比人更优秀的存在者。这一观点，我们也会推迟到神意问题上。你在房屋的美观和宇宙的壮美之间所做的比较，展现了整个宇宙的和谐（convenientiam）与一致（consensumque）。并且，芝诺以三段论讲出的简短而新奇的观点也将推迟到刚才说到的那个讨论中。届时，你对火的能量所做的全部科学观察，以及你所说的热量生成一切事物的观点，都会一一接受检验。我也将讨论你在前天提出的所有论点，那天你试图论证众神的存在，给出的理由是整个宇宙，以及日月星辰都拥有感觉和智慧。[19]不过，像我之前那样，我会一次又一次地向你提问：你

有什么理由确信众神存在?"

[Ⅷ]"至于我自己,"巴尔布斯回答说,"我觉得我已经给出了理由,但你总是以自己的方式来反驳。每当你似乎在问我的时候,我都准备好要回答了,你却突然扭转话题,不给我任何作答的机会。因此,那些头等重要的问题都避而不谈了,我指的是占卜和命运的问题。就此类问题,你们只是提过几嘴,而我们学派却往往会详细讨论,尽管它们与我们当前议论的主题还不大一样。那么,请你循序渐进地讨论,这样就可以集中精力讨论我们面前的主题了。"

[20]"无论如何,"科塔说,"既然你把整个问题分成了四个部分,我们已经谈到了第一部分,那么就让我们来斟酌第二部分吧。我对此的印象是,你试图展现众神的本性,但实际上却印证了他们不存在。这是因为,虽然你知道凭肉眼的习惯经验很难发现智慧,但你还是毫不犹豫地宣称,既然没有什么比神更崇高,并且在自然界中没有什么比宇宙更优秀,那么宇宙就是神。如果我们把宇宙想象成拥有生命的存在,或者说,如果我们能够在心里清晰地感知到它,就像我们能够清楚地看到其他事物一样,那么我们或许会赞同![21]但是,你说没有什么比宇宙更优秀(melius),你所说的优秀是什么意思?如果你指的是更美丽(pulchrius),我同意;如果你指的是更好地提供方便(utilitates),我也同意。但是,如果你指的是没有什么比宇宙更智慧(sapientius),我就完全不同意了。这倒不是因为我没有看见就很难理解,而是因为我越是用力理解,就越不明白你的观点。[Ⅸ]你说,在自然界中没有什么比宇宙更优秀,那么,世界上也没有什么比我们的城市更伟大,但你能

推知我们的城市也拥有理性、思维和智慧吗？另一方面，你真的以为这个城市是如此这般伟大吗？你看，蚂蚁不仅有知觉，而且还有智力、理性和记忆，而城市没有知觉，不具备这些品质，连蚂蚁都不如。巴尔布斯，你真应该好好确认一下，你到底能让对手有多大程度的让步，而不要觉得你这些自以为是的观点是理所当然的。[22] 这个论证的全部要点被后来的著作家扩展，并如你所认为的，在很久以前被芝诺以三段论概括出来。他是这样说的：'凡是有理性的比那些没有理性的更优秀；没有什么比宇宙更优秀；因此，宇宙有理性。'[23] 如果你赞同这个论证，那么你很快就会发现宇宙是一位最优秀的读者，因为顺着芝诺的步骤，你可以提出类似的论证：会阅读的比不会阅读的更优秀；没有什么比宇宙更优秀；因此，宇宙是会阅读的。同理，宇宙也将是雄辩家。事实上，它也会是数学家和音乐家。一句话，它会样样精通，最后将成为哲学家。你多次说过，宇宙是一切创造物的唯一来源，而自然也没有力量塑造出异于自己的东西；那么，你是不是要让我相信，宇宙不仅是有生命和智慧的，而且还是长笛和长号的演奏家，因为操持这些技艺的人也都是由它自己创造出来的？如此，斯多亚派之父确实没有摆明理由，说我们为何要相信宇宙是理性的，甚至是有生命的。因此，宇宙就不是神圣的，只是没有什么比它更优秀，因为没有什么比它更美丽，更能为我们服务，更有辉煌奇观与和谐的运动。

"如果整个宇宙不是神圣的，那么星辰也就不是神圣的。不过，它们才被你们列入形形色色的众神中，因为它们规律而恒常的运行让你们心驰神往。这完全正确，因为它们的特点正是不可思议的恒

常。[24]但巴尔布斯，并非所有稳定而统一的运动都指向神圣的
存在者，而不能归于自然的原则。[Ⅹ]你真的以为有什么事能比
卡尔西斯水道和西西里（Siciliam）海峡的水流更有规律？或者比
那分裂开欧洲和利比亚的惊天巨浪更有规律？你以为，要是没有神
圣的动力，西班牙或不列颠的海潮，以及它们在特定时段的潮起潮
落，就不会发生吗？如果我们说，所有的运动，以及在固定周期内
保持其规律的一切事物都是神圣的，那么你可要当心了，免得说那
个每隔三天或四天就发烧的疾病也是神圣的，因为还有什么能比它
的发作更有规律？但是，诸如此类的现象都要求理性的解释，[25]
而你们学派在无法解释时，就会奔赴神圣的存在，就像去圣坛寻求
庇护一样。

　　"你也认为克律西波的观点有几分道理，他无疑是精明而干练
的（versutus et callidus）——我用的是'精明'，这表明他思维敏
捷；而'干练'则表明他的心灵通过实践而变得灵巧，就像手经过
操练而变得娴熟一样。是的，他的看法是这样的：如果存在一些为
人类所不能创造的事物，那么创造它们的造物主就比人类更优秀；
人类不能创造宇宙中的东西；因此，某位能够创造它们的造物主就
高于人类；但除了神之外，没有谁能高于人类，因而神就被证明是
存在的。这里所有的论证都犯了与上述芝诺三段论相同的错误。
[26]这是因为，'更优秀'（melius）和'高于'（praestabilius）没
有得到明确的定义，并且也没有区分自然的原则和理性的原则。他
还说，如果没有神明，自然中就没有比人类更优秀的存在者了。同
时，他指出，要是谁认为没有比人类更优秀的存在者，那么此人就

是傲慢的。不论怎样，我们都要承认，设想自己比宇宙更有价值确实是傲慢的。但是，如果有人认为自己拥有意识和理性，但猎户座和天狼星（Canicula）却没有，这不仅没有傲慢的迹象，而且是有智慧的标志。克律西波的另一个说法是：'当我们见到华美的居所，应该推断这是为房主而不是为耗子建造的；因此，我们应该以同样的方式把宇宙看作众神的居所。'假如我认为宇宙不是像我展示的那样由自然形成，我当然会把它看作众神的居所。

[Ⅺ27]"但你会提醒我，色诺芬说苏格拉底问过：如果宇宙中没有任何心灵，那么我们是从哪里得到心灵的?① 并且，我也会同样地问语言、节奏和曲调是从哪里来的，除非我们确实设想过太阳靠近月亮时会与之攀谈，或者像毕达哥拉斯所想的那样宇宙在和谐地歌唱。巴尔布斯，心灵及其能力都是自然的产物。这不是芝诺所说的'像工匠的方式运动'（artificiose ambulantis）的自然② （我们将在稍后探讨其中的含义），而是通过自我运动和变化来推动并激发一切事物的自然。[28]因此，我乐于听到你有关自然的和谐一致的论述。③ 你说整个自然本身就是统一的，仿佛有一条共同的纽带贯穿整个自然。但是，我却不赞同你说的：除非自然由一种神圣精神联系在一起，否则它就不会如此这般了。事实上，这种系统的连贯和永久关乎自然本身的力量，而不是什么神的力量。并且，自然确实是和睦的（consensus），即希腊人所谓的'*sumpatheia*'

---

① 参见本书 2.18。
② 参见本书 2.57。
③ 参见本书 2.54。

（同情）。但是，自然本身的（sponte）力量越大，就越不应该将其视为神圣理性（divina ratione）的产物。

[XII 29]"你们要怎样反驳下面卡尔内亚德提出的论证呢？他说，如果所有的肉体都会死亡，那么就没有一个肉体是永恒的。事实上，没有哪个肉体能够免于死亡，甚至没有哪个物体是不可分割的，或者说是不能被分裂或分解的。再者，既然所有生物就其本性而言都容易受到感觉的影响，那么就没有一个生物能够免于经受外部的影响，就是说〈没有一个生物〉能够摆脱人们所谓的受苦和感受。如果所有生物都会受苦，那么就没有某个生物能够免于死亡。因此，同样地，如果每种生物都会分解（dividi），那么任何一个生物都是可分的，没有哪种生物会长存（aeternum）。其实，所有生物都被构造得易于承受或遭受外界的暴力，因而可知每个生物都容易死亡和消解，都是可分的。[30]正如，如果所有的蜡都能变形，那么就不会存在不能变形的蜡。这一情况也适用于银和黄铜，如果银和黄铜就其本性而言是可变形的话。由此，如果所有事物的组成元素都是可变的，那么就没有事物是不可改变的。就你们学派所认为的，所有事物的组成元素都是可变的，因而每个物体都是可变的。但是，凡有一个物体是不死的，那么就并非每个物体都是可变的。因此，这证明了每个物体都会死亡。事实上，因为每个物体要么是水、气、土或者火，要么是这些元素的复合物或者部分元素的复合物，而这些元素中没有一个不会消失。[31]例如，一切土元素性质的事物都会崩裂。液体元素如此柔软，因而容易分散和破碎。气和火对各种各样的冲击都显得应对自如，它们一贯都极容易

变形和消散。此外，当任何元素变成另一元素时，原有的元素就会消失。这就像土变成水，水生成气，气生成以太；而返回去，〈由以太生成其他元素的〉这种逆向过程也是如此。但是，如果每个构成生物的元素都会消失，那么就没有生物是永存的。[XIII 32] 纵使我们抛开这些不谈，我们还是找不到任何一个没有诞生日（natum）的生物，也找不到一个永存的生物。因为每个生物都有感觉，所以它可以感受热（calida）、冷（frigida）、甜（dulcia）和酸（amara）。如果它不能通过任何感官接收到愉快的印象，那么它也不能接收到痛苦的印象；然而，如果它能感到愉快，那么它也就能感知痛苦。事实上，经历痛苦，也一定经历死亡（interitum）。因此，我们必须承认，每一种生物都是容易朽坏的（mortale）。[33] 再者，如果某物不能感受快乐或痛苦，那么它就不可能有生命；凡有生命的，必定能感受快乐和痛苦，并且能感受快乐和痛苦的，绝不是永恒的；这样，如果每一种生物都是有感觉的，那么就没有生物是永恒的。此外，任何生物都拥有趋利避害的本能，所渴望的（appetuntur）是那些符合其本性的东西，所避开的（declinantur）是与其本性相悖的东西。每一种生物都追求着某些东西，回避着其他东西；它所回避的东西与其本性相反，而与本性相反的东西有毁灭的力量。因此，每一种生物都不可避免地走向灭亡。[34] 我们还有无数的证据可以论证，任何拥有感觉的东西都会灭亡。这是因为，所有刺激感觉的东西，如冷、热、快乐、痛苦等，一旦过度（amphficata），就会有破坏的力量。事实上，不存在没有感觉的生物，因而没有生物是永生的。[XIV] 再说一遍，要么生物的本性是单一的，即由土、火、气或者水中的某一个元素构成，尽管我们想不出这种生物的样子；要么生物是由几个元素组成的复合物，其中的每个元素都凭借其自然倾向占据相应的位置（locum），有的在最低处，有的在最高处，还有的在这二者之间。这些元素在一定时间内（ad quoddam tempus）可以相互协调，但无论如何都不能总是如此，因为其中的每个元素都在自然的驱动下进到自己的位置。因此，没有一种生物是永恒的。

[35]"但是，巴尔布斯，你们学派常常将一切都诉诸元素火的能量。我相信，这都是继承了赫拉克利特的观点。虽然每个人都以不同的方式理解他，但他本人并不指望自己的观点被人理解，所以我提议略过他的观点。你们自己的说法是，所有能量都是火，因而当生物的热量耗尽时，生物就会灭亡。你们还说，在整个自然界中，凡是有热量的东西，都是有生命的（vivere）、有活力的（vigere）。但是，我不明白有机体是如何因热量的消失而死亡的，而不是因湿润或空气的消失而死亡的，尤其是它们会因热量过多（nimio calore）而死亡。[36]并且，你们对热的这番描述也适用于其他元素。不过，让我们看看这些观点可以推出什么。我相信，你们认为，在自然界和宇宙中，除了火之外不存在任何有生命的东西。为什么你不说除了气（anima）之外没有任何生命，你看生物的灵魂（animus）不也是它构成的吗？要不然，这个词'生物'（animal）从何而来？究竟为何你们会认为灵魂就是火——说得理所当然？灵魂是火与气组成的某种混合物，这种观点岂不更容易被人接受吗？再者，如果火本身是有生命的，没有任何其他元素掺杂其

中，既然我们体内有它才有了感觉，那么它本身就不可能没有感觉。这样，我们就会重新回到之前的论证。① 因为任何拥有感觉的东西都一定会感受快乐和痛苦，而那些遭受痛苦的也必定遭受死亡。由此，你同样无法证明火是永恒的。[37] 此外，你该不会以为，火需要养料（pastus）——除非它被喂食，否则绝不能持久吧？你是不是也相信，太阳、月亮和其他天体都要水喂养，有些要淡水，而有些要海水？克莱安塞据此说明太阳为什么会返回，为什么不在夏至和冬至运行到更远的地方，这是因为它不会远离自己的养料。对于所有这些问题，我们不久会讨论，而现在让我们推出这样的结论：一切会灭亡的事物就其本性而言都不是永恒的；除非火被喂养，否则它将灭亡；因此，火就其本性而言不是永恒的。

[XV 38]"再有，我们能想象出没有德性的神明吗？我们能将审慎（prudentiamne）归于神吗？审慎在于明辨善恶，识别既非善亦非恶的事物。神没有也不可能有恶，那么他有必要辨别善恶吗？那么，理性和智力呢？我们之所以施展这些能力，是因为要从隐秘之事（obscura）中发现真知，但神明哪有什么隐秘之事呢？至于公正，在于让每一个人各司其职，它与神明有什么干系？正如你们所说，公正产生自人类的协助和团结（societas et communitas）。接着，节制（temperantia）在于克制身体的愉悦；那么，假如天国有所谓的节制，也当然有愉悦了。说到勇气（fortis），我们能想象神是勇敢的吗？他还要应对痛苦（dolore）、辛劳（labore）和危险

---

① 参见本书 3.32。

(periculo) 吗？［39］事实上，这些事对他没有任何影响。那么，神既没有理性，也不具备任何德性；但这样的神是莫名其妙的！

"事实上，当我想到斯多亚派的观点时，我也不能小瞧那些粗浅野蛮的人。这些无知者心中的神是这样的。叙利亚人崇拜某种鱼。①埃及人几乎将每种动物都神化了。我们如果转向希腊，就会看到他们有很多曾经是凡人的神。例如，阿拉帮达人（Alabanda）崇拜阿拉帮都斯（Alabandus），得内杜岛人（Tenedos）崇拜特涅斯（Tennes）。整个希腊都崇拜琉科忒亚（Leucothea）——他是凡人的时候叫作伊诺（Ino）——和她的儿子帕莱蒙（Palaemon），还有赫丘利、埃斯科拉庇俄斯、卡斯托耳和波吕丢刻斯。我们自己也敬拜洛摩罗斯和其他众神。我们认为，将这些人尊奉入天国，就像新公民登记入册一样！［ⅩⅥ 40］以上就是无知者的迷信了。那么，你们这些哲学家又有什么呢？有哪些更好的教义呢？我不想讨论你们的那些信仰，因为那又将是长篇大论了！不过，让我们无论如何都承认宇宙本身是神圣的。我想，这就像诗里讲的：

> 看看那边闪亮的星空，
> 都被冠以朱庇特之名？

那么，为什么我们还要增加更多的神呢？这里的神会不会太拥挤了？至少在我看来，他们太多了。因为你们把每一个星座都看作神，用动物的名字来称呼这些神，如山羊、天蝎、金牛、狮子，或

---

①　阿塔伽提斯（Atargatis）或者德尔切托（Derceto），即人鱼（Dagon），拥有女人的面孔，在阿斯卡隆（Ascalon）受到崇拜。

者用那些无生命的东西，如南船、天坛和北冕。[41]但是，假如
我们承认这些说法，为何还留有一些我们不能承认，而且也摸不着
头脑的观点呢？当我们把谷物称为'刻瑞斯'，把葡萄酒称为'利
伯尔'的时候，我们其实是在用一种习惯的方式说话，而你当真以
为别人都是那么愚蠢，竟会相信自己的吃食是某位神明吗？说到你
们所声称的那些由凡入圣的人，你们应该好好解释，这样的事为何
在过去发生，但现在却不再发生了，我洗耳恭听。就我现在所知，
我实在不明白，当英雄的身体像阿克齐乌斯所说的那样'被点燃在
埃塔山（Mount Oeta）'之后，如何从大火走向'他先祖永恒的家
园'。事实上，荷马说他显灵过，尤利西斯还在冥府遇见过他和其
他亡灵。①

[42]"同时，我当然想知道我们崇拜的是哪一个'赫拉克勒
斯'，因为那些考据家既艰深又晦涩的论述告诉我们，有好几个赫
拉克勒斯，其中最早的那位是朱庇特的儿子。而我所说的朱庇特也
是最早的那位，因为在希腊人的早期著作中，我们也发现了不止一
个朱庇特。这位最早的朱庇特与吕西索（Lysithoë）生下了那位最
早的赫拉克勒斯。据说，此人还与阿波罗为了一尊三角鼎（tri-
pode）而争斗。据记载，再一个赫拉克勒斯是埃及人，是尼卢斯
（Nilus）的儿子。据说，他汇编了弗里吉亚（Phrygias）的书卷。
第三个赫拉克勒斯是伊达（Ida）的某位狄吉提（Digiti），曾在他

---

① 参见《奥德赛》（*Odyssey*）xi. 600 以下。本处引文出自此书 2. 602 - 604；奥德
赛见到的是亡灵，而赫拉克勒斯正在与众神会宴，与赫柏成亲。但是，阿里斯塔库
（Aristarchus）却指出这种说法与荷马无关，因为它同《伊利亚特》（*Iliad*）中的记载有
出入。在那里，赫拉克勒斯为赫拉所杀，而赫柏尚待字闺中。

墓前献祭。第四个赫拉克勒斯是朱庇特与拉托那（Latona）的妹妹阿司特里亚（Asteria）的儿子，主要在图尔（Tyri）——根据传统，这里是迦太基（Carthage）的母城——受到崇拜。第五个赫拉克勒斯属于印度，被称为柏卢斯（Belus）。第六个赫拉克勒斯就是众所周知的那位了，他由阿尔克墨娜（Alcmena）产下，其父则是朱庇特。正如我之后会讲的，这里的朱庇特是第三个朱庇特，因为我们被告朱庇特也不止一个。

［ⅩⅦ 43］"因为我话已至此，就进入了下面的主题。我会向你表明，根据祭司的律法和我们祖先的习俗，努玛遗赠给我们的破烂的小罐子，以及威莱乌斯那讨人爱的金子般的演讲，我了解到了很多有关神明崇拜的恰当方式，比我从斯多亚派那里得知的多得多。要是我采纳了你们的说法，告诉我该怎么回答下面的问题：'若众神存在，宁妇（Nymphae）也是女神吗？如果宁妇真是女神，那么潘（Panisci）和萨提尔（Satyri）也是神；但他们并不是神；因此，宁妇也就不是神了。不过，民众都为他们修庙，向他们发誓和献祭。因此，其他供在庙里的神会不会不是真神？进一步说，你讲朱庇特和尼普顿算作神，因而他们的兄弟俄尔库斯（Orcus）也是神；传说中的下界之河，例如阿刻戎河（Acheron）、科塞图斯河（Cocytus）、皮里弗勒格索恩河（Pyriphlegethon）会是神明，而卡隆（Charon）和刻耳柏洛斯（Cerberus）也都会被尊为神明了。［44］你会叫停，说我们不要再往下推论了。好吧，如此，俄尔库斯就不是神了。那么，你会将他的兄弟归作何类呢？'卡尔内亚德发展了这些论证，其意不在于确立无神论（是因为这与哲学家不大相称

吗?),而在于证明斯多亚派的神学是没有价值的。因此,他探究过这样一个问题,他说:'如果这些兄弟都归入众神,而他们的父亲萨杜恩在西方的国家受到了普通民众最崇高的敬意,那么我们能否认他的神性吗?如果他是神,那么他的父亲盖卢斯(天神)、以太和白昼都必定归入众神。他们的兄弟姊妹——被古代神谱家称为爱、诡计、恐惧、劳作、嫉妒、命运、老年、死亡、黑暗、悲惨、哀悼、恩惠、欺瞒、顽强、命运三女神、赫斯帕里得(Hesperides)的女儿们、梦神——都会被视为神,而他们每一位都据说是埃里伯斯(Erebnus)和黑夜的孩子。'因此,你要么必须接受这些怪物是神,要么放弃你最初的论点。[ⅩⅧ45]再者,如果你称阿波罗、伏尔甘、墨丘利和其他形象为神,你会质疑赫丘利、埃斯科拉庇俄斯、利伯尔、卡斯托耳和波吕丢刻斯的神性吗?但是,后面这些形象也受到与他们同等的崇拜,其实在某些地区受到的崇拜比他们多得多。那么,我们应该把这些凡人母亲生的儿子视为神明吗?好吧,例如,阿波罗的儿子阿里斯塔俄斯(Aristaeus),他被誉为橄榄的发现者,尼普顿的儿子忒修斯(Theseus),还有其他神明的儿子都应该算作神吗?女神们的儿子呢?我想他们甚至更可以宣称自己是神。因为根据民法,若一个人的母亲是自由民,则此人亦是自由的;同理,如果一个人的母亲是神,则此人也是神。正因如此,阿喀琉斯受到阿斯泰巴香亚岛(Astypalaea)的居民最为虔诚的崇拜。但是,如果阿喀琉斯是神,那么俄耳甫斯和瑞索斯(Rhesus)也是神,因为他们的母亲是某位缪斯(Musae)女神。如若不是,除非海底的人神结合高于干燥陆地上的人神结合!如果俄耳甫斯和瑞索斯在任何地方都没有受到崇拜，所以不是神，那么其他形象如何是神呢？［46］难道可以解释说，人的德性才受得起神圣的荣誉（honores），而永生不死却受不起？巴尔布斯，这似乎就是你的解释。再者，如果你认为拉托那是女神，为何你不承认赫卡忒（Hecatam）也是女神，她不是拉托那的姊妹阿司特里亚的女儿吗？赫卡忒也是女神吧？我们看到在希腊有她的圣坛和神庙。但是，如果她是女神，为何欧墨尼德斯（Eumenides）不是呢？如果她们都是女神——她们在雅典都有神庙，而在罗马也有弗丽娜（Furina）的墓（如果我的解释无误，这个墓也归她们），那么弗丽娜也是女神，并且她们很可能有能力监视与惩处犯罪和恶行。［47］如果神具有干预人事的本性，'生育之灵'（Natio）也一定会被归入神明。当我们朝拜位于阿德亚地区（Ardea）的神庙时，我们依据习俗向她献祭。她的名字叫作'Natio'（那提奥），来自'nasci'（出生）一词。我们相信，她辛勤地照看已婚的妇女。如果她是神，那么你提到的所有抽象概念，如荣誉、信念、智慧、和谐，都是神。因此，希望、财富以及凡是我们所能想到的东西都是神。如果这一假设是行不通的，那么以前的那些假设及其派生出来的假设就都是行不通的。［XIX］如果那些我们自古以来就崇拜的神明确实是神圣的，那为什么伊西斯（Isis）和俄西里斯（Osiris）不能纳入众神的行列？并且，要是我们这样做了，我们为何要将蛮族的神明排除在外？于是，我们不得不承认如此这般的众神清单上有牛、马、朱鹭、隼、驴、鳄、鱼、狗、狼、猫和其他动物。如果我们不接受它们是神，那么我们也会不接受产生它们的那些东西是神。［48］如果伊诺——在希腊被冠以'琉科忒亚'之名，而在罗马则被称为'马图塔'（Matuta）——
因为是卡德摩斯（Cadmus）的女儿而被尊为神，那么海洋神和太
阳神的女儿珀耳塞伊斯（Perseis）的孩子喀尔刻（Circe）、帕西淮
（Pasiphaë）、埃厄忒斯（Aeetes）不能位列众神吗？哪怕喀尔刻在
罗马的殖民地基凯（Circen）得到虔诚的拥戴，都不行吗？因此，
如果你承认她是神，那么你怎么看美狄亚（Medea）？她的父亲是
埃厄忒斯，而母亲是伊底伊亚（Idyia），并且她的两个祖父可是太
阳神和海洋神。她的兄弟阿伯绪耳图斯（Absyrtus）是神吗？虽然
这个名字在古代的文献中更常用，但他在帕库维乌斯那里似乎被称
作埃吉阿琉斯（Aegialeus）。如果这些形象都不是神，那么恐怕我
会弄不清伊诺的情况了，因为他们都具有相同的起源。[49] 或者，
要是认可伊诺是神，我们是不是也打算把阿菲阿拉俄斯和特洛福尼
乌斯（Trophonius）都算作神？罗马的交税农民发现在玻俄提亚
（Boeotia）的那些为不朽众神所有的土地免受税务官的管理，但他
们认为任何曾经是凡人的形象都始终是凡人。但是，如果这些形象
都是神，那么厄瑞刻透斯（Erectheus）无疑是神，我们在雅典也
确实看到了他的神庙和祭司。如果我们把他算作神，那么我们为何
要质疑科德鲁斯（Codrus）或其他为了祖国自由而战死的人成为神
明？如果我们执意要这样怀疑他们，那么我们就必须否认最前面的
那些例子，以及由之而来的所有例子。[50] 我们就容易理解了，
在绝大多数国家，人们将勇者的事迹赋以神圣的荣光，以激发国
人的勇气，让那些卓越的人更愿意为了国家的利益救难解危。这
正好说明了为什么厄瑞刻透斯和他的女儿在雅典被尊为神。

同样,在雅典也有勒奥那托（Leonaticum）的神庙,被称作'勒奥刻里翁'（Leōkorion）。阿拉帮达人确实崇拜他们城市的建立者阿拉帮都斯,其崇拜之虔诚胜过对任何一位著名的神的崇拜。这正好对应了斯特拉托尼库斯（Stratonicus）所说的一句机智的话。某个讨厌他的人发誓道,阿拉帮都斯是神,而赫拉克勒斯不是神。斯特拉托尼库斯回应:'很好,很好,就让阿拉帮都斯来对我大发雷霆,让赫拉克勒斯在你面前暴跳如雷吧。'［ⅩⅩ51］至于你提到的有关天空和星辰方面的宗教,你以为能在这里走多远吗？你说太阳和月亮是神,前者相当于希腊人的阿波罗,而后者相当于狄安娜。但是,如果月亮是女神,那么启明星和其他行星也要算作神。这样,恒星也亦复如是。但是,为何不该把绚丽的彩虹归入众神的行列？它美得很,并因其楚楚动人而流传出伊里斯（Iris）是陶玛斯（Thaumas）的女儿的传奇。如果彩虹是神,那么你怎么看待云？彩虹本身就是彩色的云,据说一朵云诞下了半人马（Centaurs）。如果你将云登入神册,那么你毋庸置疑地会把季节登记进去,它在罗马的国家礼仪中确实会受到祭拜。这样,雨、暴风雪、暴风雨和旋风都被视作神。当我们扬帆远航的时候,向大海的波涛投去祭品,这是我们所有人的习俗。［52］再者,如果像你说的①,刻瑞斯的得名是因为她是孕育出来的果实,那么大地本身也就是女神了。我们相信她确实是神,因为她等同于忒路斯（Tellus）。如果大地是神,那么海洋也是,你将其视为尼普顿②,因而大河与泉水

---

① 参见本书 2.67。
② 参见本书 2.66。

（flumina et fontes）都是神。这可以在下面的事例中得到证实。马索（Maso）将他在科西嘉岛（Corsica）赢得的战利品奉献给泉神的庙宇。如我们看到的，占卜师的祷文（precatione）含有台伯河（Tiberinum）、斯宾诺河（Spino）、阿尔摩河（Almo）、诺底努斯河（Nodinus），以及其他罗马邻邦中河流的名字。因此，类似的推论要么无穷无尽地继续下去，要么其中的任何一个我们都不要认可；但这种永无止境的迷信之路是走不下去的；因此，这些推论中没有一个是可被接受的。

　　[ⅩⅪ53]"因此，巴尔布斯，我也必须拒斥这样的观点：这些由凡人神化而来的神，虽然受到我们诚挚而普遍的崇敬，但不存在于现实中，只存在于我们的想象中……①首先，那些所谓的神学家（theologi）列举出三位朱庇特。据他们说，其中第一、二位朱庇特出生在阿卡狄亚（Arcadia）。一位是以太的儿子，此人是普洛塞庇涅（Proserpine）和利伯尔的父辈。另一位是凯卢斯的儿子，据说他是密涅瓦的父亲，而密涅瓦被视为首位诉诸武力、发动战争的人。第三位朱庇特是萨杜恩的儿子，出生在克里特岛，在那岛上还矗立着他的坟墓。同样，'狄俄斯库里'（Dioscuri）在希腊也因其拥有各种各样的名字而著名。第一组是在雅典被称为雅典诸王（Anactes）的三个人。他们是最早的朱庇特王和普洛塞庇涅的后代。他们分别是特里托帕特瑞乌斯（Tritopatreus）、欧布勒乌斯（Eubouleus）和狄俄尼索斯（Dionysus）。第二组有卡斯托耳和波吕丢刻斯，

---

　　① 本书 3.53－60 主要是对 3.42 后面部分的继续，因而本处称"这些神"。但是，此句的观点在其他地方没有印证，因而此句之后的内容可能有所缺损。

他们是前面第三位朱庇特和勒达（Leda）的子嗣。第三组有阿尔科（Alco）、梅拉普斯（Melampus）和特摩鲁斯（Tmolus），他们都是阿特柔斯（Atreus）的儿子，而此人是珀罗普斯（Pelops）的儿子。[54] 再者，第一组缪斯有四个，即塞尔克西诺（Thelxinoë）、阿欧德（Aoede）、阿尔凯（Arche）和美勒特（Melete），她们是前述第二位朱庇特的女儿。第二组是第三位朱庇特和内莫绪涅（Mnemosyne）的后代，共有九个。第三组是庇厄卢斯（Piero）和安提俄珀（Antiope）的孩子，他们通常被诗人称作庇厄里得斯（Pierides）和庇厄里埃（Pieriae）。他们的名字和数量与刚才提到的第二组相同。虽然你说太阳神之所以叫作'索尔'（Sol）是因为他是独一无二的（solus）①，但又有多少个同名的太阳神被神学家列举了出来！其中第一个是朱庇特的儿子，以太的孙子。第二个是许珀里翁（Hyperion）的儿子。第三个是伏尔甘和尼卢斯的儿子，埃及人相信'太阳城'（Heliopolis）是属于他的。第四个据说是英雄时代（heroicis temporibus）的阿堪塞（Acantho）在罗得岛上诞下的。他是伊阿律苏斯（Ialysus）、卡米鲁斯（Camirus）和林都斯（Lindi）的父亲。据记载，第五个在科尔基（Colchis）成为埃厄忒斯和喀尔刻的父亲。[XXII 55] 伏尔甘也有好几位。第一位是天神（Caelus）的儿子，据说他和密涅瓦诞下了阿波罗，而古代的历史学家将阿波罗誉为雅典的保护神（tutela）。第二位伏尔甘被埃及人称为佛萨（Phthas），是尼卢斯的儿子，神话学家认为他是埃及的

_____

① 参见本书 2.68。

守护神。第三位是前面第三位朱庇特与朱诺的儿子，据说是兰诺斯岛的冶炼大师。第四位是美玛里乌斯（Memalio）的儿子，是西西里附近岛屿的主人，故而这些岛屿被称作伏尔甘群岛。

[56]"第一位墨丘利，天神是他的父亲，白昼女神是他的母亲。传统上，他表现出一种性欲亢奋的状态，因为痴迷于普洛塞庇涅的容貌。第二位是瓦伦斯（Valens）和福洛尼斯（Phoronidis）的儿子，是下界之神，相当于特洛福尼乌斯。第三位伏尔甘是前述第三位朱庇特同迈亚（Maia）的后代，据说他和珀涅罗珀（Penelopa）一起生育了潘（Pan）。第四位伏尔甘是尼卢斯的儿子，埃及人认为他的这个名字被叫错了。第五位伏尔甘受到了弗纽斯（Pheneatae）人的崇拜。据说他杀死了阿耳戈斯（Argus），因而被下令放逐到埃及，并将自己的律法和文字传授给了埃及人。他在埃及的名字是索斯（Theuth），这在埃及历法中也是元月的名称。[57] 说到形形色色的埃斯科拉庇俄斯（Aesculapii），第一位是阿波罗的儿子，受到阿卡狄亚人（Arcades）的崇拜。据说他发明了探针（specillum），也是第一个在外科手术中使用夹板（obligavisse）的人。第二位是上面第二位墨丘利的兄弟。据说，他被闪电劈死，被埋在西纳舒勒（Cynosuris）。第三位是阿尔西浦斯（Arsippus）和阿尔西诺伊（Arsinoë）的儿子。据说，他是第一个使用泻药（purgationem alvi）和拔牙的人。他的墓园位于吕西乌斯（Lusio）河不远的阿卡狄亚。[ⅩⅩⅢ] 我刚才讲过，最古老的阿波罗是伏尔甘的儿子，并且是雅典的保护神。第二个阿波罗是科律巴斯（Corybas）的儿子，出生在克里特岛。据说，他与朱庇特争夺

这个岛的所有权。第三个阿波罗是前面第三位朱庇特和拉托那的儿子。自古以来就有人说他是从北寒之地（Hyperboreans）来到德尔斐（Delphi）的。第四个是阿卡狄亚的阿波罗，被阿卡狄亚人称为'制定规则的人'（Nomios），因为此神给他们带来了法律。[58]同样，还有不止一个狄安娜。第一个是朱庇特和普洛塞庇涅的女儿。据说她生下了长着翅膀的丘比特。更著名的是第二个狄安娜，我们都知道她是第三位朱庇特和拉托那的女儿。第三个狄安娜的父亲据说是乌庇斯（Upis），母亲是格劳克（Glauce）。希腊人经常用她父亲的名字乌庇斯来称呼她。我们还有好几个叫作'狄俄尼索斯'的神。第一个是朱庇特和普罗塞尔庇涅的儿子。第二个是尼卢斯的儿子，据说是他杀了尼萨（Nysam）。第三个是卡比鲁斯（Cabirus）的儿子。据说，他是统治亚洲的王，萨巴吉亚节（Sabazia）就是为了纪念他而设立的。第四个是朱庇特和月亮女神的儿子。人们相信，奥菲斯祭祀（sacra Orphica）与他有关。第五个是尼苏斯（Nisus）和绪俄涅（Thyone）的后代。人们猜测三年节（Trieterides）是他设立的。[59]第一个维纳斯是凯卢斯和白昼女神的女儿，我们可以在埃利斯（Ehde）看到她的神庙。第二个维纳斯是从海浪的泡沫里诞生的，据说她与墨丘利生育了第二位丘比特。第三个维纳斯是朱庇特和狄奥娜（Diona）的女儿，并嫁给了伏尔甘。但是，有人说她和玛尔斯（Marte）生育了安特罗斯（Anteros）。第四个被叫作阿斯塔尔特（Astarte），是叙利亚和塞浦路斯（Cyprio）的后代。据记载，她嫁给了阿多尼斯（Adonis）。第一个密涅瓦是我们前面所说的某位阿波罗的母亲。第二个是尼卢

斯的女儿，萨伊斯（Saïtae）的埃及人崇拜她。第三个是我们已经
提到的以朱庇特为父的神。第四个是朱庇特和俄刻阿诺斯（Oce-
ani）之女科律佛（Coryphe）的后代。阿卡狄亚人称她为'科里
雅'（Koria），说她发明了驷车（quadrigarum）。第五个是帕拉斯
（Pallas）的女儿，据说她杀死了企图夺走她童贞的父亲。并且，她
的脚踝生有翅膀。[60] 人们说，第一位丘比特是墨丘利和前面第
一个狄安娜的儿子。第二位是墨丘利和第二个维纳斯的儿子。第三
位叫作安特罗斯，是玛尔斯和第三个维纳斯的儿子。

"这些例子和其他类似的例子都取自希腊的古老传说。巴尔布
斯，虽然你知道我们应该反对它们，这样宗教崇拜才不会土崩瓦
解。但是，你们学派不仅不反对，还逐一为它们做解释，并肯定它
们。然而，现在让我们回到正题上来，因为我们已经离题万里了。

[XXIV 61]① "……经过这番解释之后，难道你还是认为要提出
更多的论证才能驳倒你的观点吗？我们看到，心灵、信念、希望、
德性、荣誉、胜利、拯救、和谐，以及其他诸如此类的东西本质上
都是抽象之物，而不是神。这是因为，它们要么是我们固有的品质，
如心灵、信念、希望、德性与和谐；要么是我们想要得到的东西，如
荣誉、胜利和拯救。我明白它们都有价值，也清楚它们的塑像也已经
得到供奉。但是，我不太理解这些塑像为何具有神性，除非有人提点
提点。特别是，运气也被算入其中，没有人会将运气与无常和意外
（inconstantia et temeritate）分开，而它当然配不上神圣之名。

---

① 参见本书 3.53 的注解。此处的导言部分似乎佚失。

[62]"再者，为什么这些关于神话的解释，以及对名字词源的解读让你如此着迷？凯卢斯被他的儿子大卸八块，萨杜恩同样被自己的儿子五花大绑，你用诸如此类的虚构让这些都变得似乎有道理了，也让编造这一切的人显得不仅不是傻子，而且还是地地道道的哲学家了。另外，至于你们对名字的解读，可惜的是放错了地方。萨杜恩之所以得名，是因为他囊括（saturat）了岁月，玛沃斯是'伟大的推翻者'（magna vertii），密涅瓦的意思是'削弱'（minuit）或'威胁'（minatur），维纳斯的含义是'带来'（venit）一切，刻瑞斯其名源自'生育'（gerendo）。这是多么危险的解读呀！因为有许多名字的解读都被你带进了死胡同。你会如何解读威俄维斯（Veiovis）或伏尔甘？然而，正如你所想的，'尼普顿'这个词来自'游泳'（nando）。我觉得，总不能仅变动一下拼写就弄清楚这些名字的来源吧——你在这个问题上比尼普顿的脑子更容易进水！[63]这个伟大却不必要的痛苦源于芝诺，并由克莱安塞继承，之后克律西波对这些传奇的故事进行了解释，并为每一个恰当的名字拼写找出了理由。当然，在这样做时，你们学派也承认这些事与人们的信仰完全不同，因为那些所谓的神都是抽象的品质（rerum naturas），而全然不是神圣的形象（figuras deorum）。[XXV]此错误的流毒蔓延甚广，恶事不仅被贴上了神明的标签，而且还享用了神圣的礼仪。例如，我们看到帕拉廷（Palatio）的'发烧'（Febris）神社，在家神庙旁边的'丧事'（Orbonae）神社，以及供奉在埃斯奎利涅（Esquiliis）的'厄运'（Mala Fortuna）祭坛。[64]那么，让所有的谬见都从哲学中消失吧，因为当追寻不朽众神的时候，我们竟然

将一些配不上不朽众神的属性赋予了他们。我倒是很明白自己有什
么观点，却不明白怎么去认同你的观点。你说尼普顿是贯穿整个海
洋的智慧原则，你也说刻瑞斯有相似的智慧，但无论这种智慧是海
洋的还是陆地的，我都不能理解，甚至无法想象。因此，为了弄清
众神的存在以及众神的本性，我必须另辟蹊径。至于你的相关解
释，或许并不奏效。［65］现在，让我们考虑下面的问题。一个是
宇宙是否由神意统摄，再一个是众神是否关心人类的利益。这是因
为，二者都是你们的分论点，被推迟到了现在。要是你愿意的话，
我们就来详细讨论。"

"对我来说，"威莱乌斯答道，"我可太愿意了，我期待更多的
讨论，同时也由衷地赞同你的说法。"

巴尔布斯接着说："我不想打断你。科塔，我们换一个时间来
讨论吧，我保证让你赞同。但是……①

> 此事绝非明智，
> 其中必有冲突。
> 用软话来讨好，
> 为自己的目的？②

［XXVI 66］难道她看起来没有使用理性来为自己布下可怕的悲剧？
并且，其中有多么理性，可见于下：

---

① 此处有一大段文字佚失。
② 这些诗句出自恩尼乌斯的《美狄亚》（Medea），其对应欧里庇得斯的《美狄亚》
（Medea）365 ff.

> 意之所至，
>
> 行之所成。

不过，这诗篇也包含了一切不端的根源。

> 这天，他带着误入歧途的心灵，
>
> 将钥匙交到了我手里，
>
> 以此，我释放了所有的愤怒，
>
> 将他毁灭。而将悲伤给我自己，
>
> 痛苦给他，消亡归他；而放逐自己。①

这就是理性能力，动物确实没有的理性能力，你说它是神明的眷顾，独宠于人类的。[67] 那么，你明不明白众神赐予我们的这个天赋有多宝贵呢？还是美狄亚，她飞离她的父亲和祖国，

> 当她的父亲靠近她，
>
> 要把她抓住，她提起那个男婴，
>
> 将其撕扯得七零八落，
>
> 尸体抛撒在整片田野，
>
> 父亲捡起儿子散落的四肢，
>
> 她趁机逃跑，
>
> 悲伤会妨碍他的追赶，

---

① 这些诗句出自恩尼乌斯的《美狄亚》。比较欧里庇得斯的《美狄亚》371 f.，394 ff.。

　　　　她便以至亲之血换得自己的安全。①

[68] 美狄亚有罪，同样也有理性。当阿特柔斯为自己的兄弟准备那夺命的宴会时，他是否以这样或那样的方式故意为自己的举动找一个理由？

　　　　我要制造一个更大的麻烦和混乱，

　　　　用它来打倒和粉碎他那残忍的心。②

　　[XXVII]"同时，我们也不应该忽略提厄斯忒斯（Thyestes），他认为仅仅引诱他兄弟的妻子是不够的。对此，阿特柔斯的话道出了真相：

　　　　我以为，上流社会的滔天罪行

　　　　便是王室的母亲失去了贞操，

　　　　王家血脉会腐臭，世系杂乱不堪。

但是，他布下这个局是多么狡诈，竟然用通奸来谋取他兄弟的王位。

　　　　（阿特柔斯说）再加上天父送来的异兆，

　　　　我的王位可能不保，

　　　　羊群中生出了一只金灿灿的羊羔，

　　　　提厄斯忒斯竟从我的宫殿将它偷走，

_____

　　①　或许出自阿克齐乌斯的《美狄亚》（Medea）。这一部分故事未见于欧里庇得斯的同名戏剧。

　　②　本句以及接下来两段文字都引自阿克齐乌斯的《阿特柔斯》（Atreus）。阿特柔斯忖度如何对自己的兄弟提厄斯忒斯复仇，因为此人奸污了他的妻子艾洛普（Aërope）。

在那里，他把我妻子当作他的帮手。

[69] 难道在你看来提厄斯忒斯的滔天大罪没有理性谋划的助力？事实上，并非只在舞台上才充斥着此般罪行，普通生活中的罪行更是罄竹难书。在家里，在法庭上，在元老院里，在竞选活动中，在我们的盟友之间，在行省各处，人们依据理性行善（recte），也利用理性作恶（peccetur）。只不过前者只属于少部分或极少数人，而后者则更为普遍，也更为频繁。因此，即便不朽的众神不将理性能力赋予我们，也总好过赐予这种能力却又牵扯出如此多的灾难。这就好比治疗疾病时最好不要用酒，哪怕酒也带有几分治愈疾病的渺茫希望，因为酒几乎没有好处，大多数时候都是有害的，贸然使用便会招致损害。同样地，我以为，不朽的众神根本就不应该把我们称之为'理性'的敏锐而精明的运思能力赋予人类，更别说他们还给得这样慷慨大方。[70] 因为这种能力对于大多数人都是有害的，而只对于极少数人来说是有利可图的。然后，我们也能够设想那些具有神圣智慧和意志的〈存在者〉关心人类的利益，因为他们赋予人类理性，并且他们也只关心那些正确使用理性（bona ratione）之人的利益，而我们也清楚，这样的人即使有，也极其稀少。但是，如果设想不朽的众神仅仅操心少数人的利益，这是不可能的。因此，我们可以推知，任何人的利益都不为众神所费心。

[XXⅧ]"你们学派通常会如此反驳：这并不意味着众神没有将最好的恩典赐予我们，就仅仅因为许多人误用了他们的仁慈。事实上，也有很多人滥用自己继承的遗产，但不能因此就说他们父辈的善举一无是处。这没人会否认吧？如果真要否认，那么这两个事

例有什么相似之处呢？当得伊阿尼拉（Deianira）把浸染半人马血污的长袍交给赫拉克勒斯的时候，她并不想伤害赫拉克勒斯。当士兵用剑刺破伊阿宋（Iason）的那个连医生都无法治好的肿块时，他也并不是要做好事。事实上，很多人想办坏事的时候却做了好事，而想做好事的时候却办了坏事。因此，所给予的东西并不能确切地表明给予者的目的。即便接受者利用他所得到的东西得了利益，也不能由此推知给予者的初衷是善意的。[71] 再者，诸如欲望、贪婪或犯罪，要是没有预先谋划，能得逞吗？要是没有深思熟虑，能完成吗？这是因为，每一种信念都是理性的活动。并且，如果信念是真实的，那么理性就运用正确；如果信念是虚假的，那么理性就运用有误。但是，如果我们确实拥有理性，那么我们从神明那里得到的就只是理性；至于正确的理性或错误的理性，这都源于我们自己（nobis）。这是因为，神明赐予人类理性并非恩宠，同遗赠财产不是一回事，因为如果他们真打算伤害人类，那么还有什么别的天赋更适合人类呢？此外，如果恶行不以理性为根基，那么不公、放纵和胆怯又会从哪里产生呢？

[XXIX] "我们方才提到了美狄亚和阿特柔斯这两位英雄传奇里的人物，他们犯下的骇人罪行都是深思熟虑和权衡得失的结果。[72] 喜剧里的可笑情景与理性没有关系吗？难道《阉人》（Eu-nucho）中的人物显得不机智吗？①

　　　我该怎么办？

————————

① 即泰伦斯《阉人》中的第一幕。

> 她不让我进，
>
> 又来召见我。
>
> 我要返回吗？
>
> 不，哪怕求我。

至于《青年朋友》中的人物，他借用学园派的方式，毫不迟疑地运用理性来反对大众的观点，说：

> 爱得死去活来与穷得身无分文
>
> 都是甜蜜的，对于有一位
>
> 吝啬又粗鲁的父亲的人，
>
> 因为他不爱你，也不关心自己。

[73] 对于这种让人惊诧的信条，他找到了一些诸如此类的理由：

> 这样，你就可以骗取他的收入，
>
> 或者通过改签名捞得一些借款，
>
> 或者用一个奴隶对他进行恐吓，
>
> 从一个吝啬鬼那里得到的东西，
>
> 你竟然可以消耗这么多的热情！

并且，他认为，一个平易近人且慷慨大方的父亲对他儿子的爱是十足的麻烦。

> 我一点儿不知道怎么将他欺骗，将他搜刮，
>
> 也不知道如何设计，如何谋划将他玩弄，
>
> 我不敢想象，我所有的阴谋诡计
>
> 都会因父亲的慷慨而无处施展。

是吧？告诉我，这些花招和伎俩，这些诡计和阴谋，没有理性的参与可能吗？众神将令人羡慕的天赋赐予福尔米俄（Phormio），他才会这样说：

> 把老东西送到这边来，
>
> 我的计划都为他准备！

[ⅩⅩⅩ 74] "接着，让我们离开剧场，来到法庭。法官准备就位，他将审理什么案件？一名犯人纵火，要烧掉档案馆。还有什么罪行比这个更狡诈？昆图斯·索西乌斯（Quintus Sosius），一位来自匹塞浓（Piceno）的著名罗马骑士坦白了这一罪行。接下来的案子是伪造公文。这是卢修斯·阿莱努斯（Lucius Alenus）做的，他模仿了六名财政部职员的笔迹。还有比这个更狡猾的犯罪吗？让我们再想想其他司法调查，一桩涉及托洛萨（Tolossani）的黄金①，还有一桩牵涉到犹古尔塞涅（Iugurthinae）的宫廷阴谋。想到更早的案子，图布卢斯的案子因为受贿而被误判，之后还有佩杜凯乌斯（Peducaea）指控的乱伦案。接着，在最近的法律下，谋杀、投毒、挪用公款和伪造遗嘱等罪行每天频频上演。正是理性为怂恿罪制造了机会，'我宣布，在你的帮助和鼓动下，才犯下了盗窃罪'。也正是理性，才导致了如此多违背诚信的罪行，包括与监护和委托有关的罪行、以合伙人身份犯下的罪行、与信托有关的犯罪，以及在买卖、借贷和雇佣方面因违背诚信而犯下的其他罪行。根据普拉托里

---

① 托洛萨卷入了辛布里（Cimbri）战争，而此处的神庙储备了大量的黄金，在公元前 106 年惨遭凯皮欧（Q. Servilius Caepio）的洗劫。此人在返回罗马途中因渎神而获罪。

安法（lege Plaetoria）的规定，民事案件应当公开审理。因此，各种各样的恶行都难逃法网。例如，欺诈行为，我的朋友阿奎利乌斯还对欺诈做了界定：凡是造假的行为均属欺诈。[75] 那么，难道我们会因此认为罪恶是由不朽的众神播种下来的？我之所以这样反问，是因为如果众神将理性赐予人类，那么就好像他们将'无赖'（malitiam）也交给了人类。无赖就是粗野而狡诈地利用理性为非作歹。同理，他们也将欺诈、犯罪以及其他形式的不端行为给了人类，因为其中的任何一种行为要是没有理性的助力就都不会出现，或者不会奏效。《美狄亚》中的老妇人道出了这样的愿望：

> 哦，在皮立翁山（Pelion）的树林中，
> 冷杉没有倒下，没被斧头砸到地上！①

因此，人们希望众神没有把聪明才智交给人类。只有很少的人会运用理性行善，何况他们也经常被那些用理性作恶的人打败。相反，不计其数的人玩弄理性而为非作歹。这样一来，众神将理性和预见能力等天赋赐予人类，仿佛是叫人欺骗，而不是劝人真诚了。

[XXXI 76]"但是，你一次又一次地宣称，那是人类的错，而众神不该受到责备。这就像医生应该为暴虐的疾病负责，或者舵手应该为肆虐的风暴负责。就算这些人类可以负责，但将一切都归咎于人类也太荒唐了。如此的质询又来了：'如果没有这些困难，那么谁会雇佣你呢？'不过，人们可以顺理成章地（liberius）回斥神：'你说错在于人类的恶行，那么你们就该给人类一种免除（exclu-

---

① 出自恩尼乌斯《美狄亚》的序诗，是欧里庇得斯同名剧作的拉丁语译版。

deret）罪恶和过错的理性呀。'那么，又何来众神犯错一说呢？因为我们人类遗赠家财，总是希望馈赠后人一些有益的东西，而我们也可能由于这种希望受到欺骗；但是，神怎么会被欺骗呢？他们会像太阳神让自己的儿子法厄同（Phaëthon）登上战车那样受到欺骗吗？也会像尼普顿那样受到欺骗吗？尼普顿可以满足自己儿子忒修斯的三个愿望，而这导致了希波吕特（Hippolytus）的死亡。①[77] 这些是诗人嘴里的奇闻逸事，而我们希望成为真正的哲学家，陈述事实，而不是编造寓言。无论如何，即使是诗歌中的众神，如果他们真的知道自己的馈赠会招致后辈的灾难，那么他们也应承担好心办坏事的责任。喀俄斯（Chios）的阿里斯托曾经说过，哲学家的观点哪怕是正确的，要是他们的听众误解了，也会造成损害。比如，阿里斯提波（Aristippus）派中有恣意挥霍的人，芝诺也会教出凶恶之徒。要是听者注定要因误解哲学家的观点而走向歧途，那么哲学家保持沉默就比伤害这些听众好得多。[78] 因此，如果人类会把不朽众神的善意馈赠或理性转而用于欺骗和耍无赖，那么他们把理性收起就比交给人类来得好。如果一位医生为某病人开了酒的药方，知道这个病人会不怎么稀释就把酒一饮而尽，并会立刻毙命，那么这位医生当然会受到严厉的谴责。同样，你们斯多亚派的神明也必须受到谴责（reprehenda），因为他明知（scierit）人类会误用理性或用理性作恶，仍然将理性给予人类。除非你会说

---

① 波塞冬（Poseidon）向他的儿子忒修斯允诺三个愿望。忒修斯希望自己的儿子希波吕特死，因为他儿子的继母淮德拉（Phaedra）指控该子欲行不轨。波塞冬兑现诺言，派去一头海牛恐吓希波吕特，致使战马受惊，希波吕特被马拖死。

他不知道。我但愿你会！可是，你不敢说，因为我不是不知道你们是多么敬重他的名节。

[XXXII 79]"不过，这个问题就到此为止了。哲学家普遍认同，愚蠢（stultitia）是一种比一切运气和身体的苦难更大的恶。如果这一头是运气和身体的困难，而另一头是没有人能获得智慧，而你们又说不朽的众神为了我们的利益而显示出最令人钦羡的神意，那么我们都会陷入最坏的厄运中。这就好比，没有人'是'健康的与没有人'能'是健康的之间没有差别，所以我也不理解没有人是智慧的与没有人能是智慧的之间有什么差别。

"但是，我们在一个显而易见的问题上停留太长时间了。忒拉蒙（Telamon）仅用寥寥数句就回答了为何要说众神不关心人事：

> 他们若顾惜人类，
> 则健康与善同在，
> 疾病便与恶同在，
> 但事实却非如此。①

事实上，神明应该让所有人都变成好人。这才是，他们打心眼里关心全人类。[80] 如果他们不这样做，那么无论如何都应该让好人有好报。那么，那两位斯基庇俄，他们是如此英勇，让人敬佩，为什么还在西班牙吃了迦太基人的败仗？为什么玛克西姆斯竟要为当了执政官的儿子收尸？为什么马凯卢斯在对抗汉尼拔（Hennibal）时殒命？为什么保卢斯在迦南（Cannae）折戟？为什么瑞古卢斯

---

① 出自恩尼乌斯的《忒拉蒙》(*Telamon*)。这位英雄正在哀悼阿伽克斯（Ajax）。

（Regulus）要被残暴的迦太基人打败？为什么阿夫里卡努斯身在家
中却遭横祸？不过，诸如此类的例子都是过去的事，让我们看看最
近的例子。我叔叔普布利乌斯·鲁提利乌斯（Publius Rutilius）是
一个一尘不染的正直的人，并且也极有修养，为何却流亡他乡？为
什么我的挚友德鲁苏斯（Drusus）在家中遇害？大祭司斯凯沃拉
（Q. Scaevola）是儒雅和睿智的典范，为何却在维斯塔的塑像前惨
遭杀戮？在稍早的时候，为何那么多国家要人被钦纳砍杀？为什么
那个装模作样的凯乌斯·马里乌斯（Caius Marius）能够下令处死
像卡图卢斯这样位高权重的人物？［81］要是列举出那些遭遇不幸
的好人，一时半会儿说不完。同样，要是我打算记下歹人活千年的
怪事，时间也不够。要不，玛里乌斯怎么会撞了大运——在家中寿
终正寝，甚至做了七次执政官？钦纳的残暴统治怎么会持续那么长
时间？你会说他最后也受到了惩罚。［XXXIII］如果最初就遏制或
防止他杀害这么多领导人，而不是最后才让他受到严惩，岂不是更
好？寡情薄义的昆图斯·瓦里乌斯（Quintus Varius）在折磨和痛
苦中死去。如果这是他刺死了德鲁苏斯、毒死了麦特卢斯的恶报，
那么让受害人一开始就得到保护，总比事后让他赎罪来得好。狄俄
尼索斯统治一个繁荣富裕的国家长达 38 年。［82］在他之前，庞西
斯特拉图（Pisistratus）又在希腊的重镇统治了多少年！你们会说：
'法拉里斯（Phalaris）和阿波罗多洛（Apollodorus）遭了报应。'
他们确实遭了报应，但之前又有多少人惨遭折磨和迫害！很多强盗
通常会被处罚，但我们不能否认那些遭到抢劫而惨死的人比强盗更
多。据记录，德谟克利特的追随者阿那克萨库斯（Anaxarchus）被

塞浦路斯的暴君宰杀，芝诺（Zeno）在爱利亚被折磨致死。更不要提苏格拉底了，每当读到柏拉图的记载，我总是潸然泪下。① 如果众神真的关心人事，那么好人和坏人之间的区别已经被他们下令抹杀了吗？［ⅩⅩⅩⅣ 83］事实上，犬儒派的第欧根尼（Diogenēs）经常说，哈尔帕卢斯（Harpalus）在他那个时代是一个撞了大运的强盗。他正是一个反对众神关心人事的见证，因为他在好运的加持下活了那么久。我前面说过的狄俄尼索斯，他在洛克里洗劫了普洛塞庇涅神庙后返回叙拉古（Syracusas），一路顺风顺水。这时，他笑着说：'朋友们，你们想得出不朽的众神在这趟航程中给了亵渎他们的人多少财富吗？'他是一个聪明人，把这一切弄得彻彻底底、清清楚楚，而且一直笃信众神根本不会拿他怎样。当他把舰队开到伯罗奔尼撒的时候，他闯入了奥林匹亚的宙斯神庙，刮走了神像上厚重的黄金披风，而这披风所用的黄金取自僭主格罗（Gelo）战胜迦太基人所获的战利品。他一边取下披风，一边有说有笑：黄金披风夏天用太重，冬天用又太冷。于是，他为神像披上了一件羊毛斗篷，还说这件就四季皆宜了。还是他下令把埃皮道伦（Epidauri）的埃斯科拉庇俄斯神像的黄金胡须扯了下来。他的理由是，如果父亲在每一座神殿里的塑像都没有胡子，那么儿子留有胡子就是不合适的！② ［84］他还吩咐将全部银桌子从神殿里搬走，称这些桌子上都刻有铭文：'归属仁慈的众神'（bonorum deorum）。他说，他利用的正是众神的仁慈。此外，他还肆无忌惮地拿走金杯和皇冠，

---

① 柏拉图的《斐多篇》中记载了苏格拉底毅然赴死的情形。

② 这里的"父亲"指阿波罗。

还一并掳走了胜利女神的小金像。他把这金像摊在手掌上说：这不是偷，而是接受；当我们向神明祈愿获得恩典，神明就把恩典拿过来给我们，但是我们却不愿意接受，这不是傻吗？据记载，他从神殿抢走我提到的这些物品后，就把它们带到集市上以拍卖的形式处理掉。并且，他收了钱之后就宣布：凡是从圣地得来的都要限期归还到所属的神庙去。这样，他就既对众神不敬（impietatem），又对同胞不公（iniuriam）了。[XXXV] 好吧，奥林匹亚山上的朱庇特也没有将他天打雷劈，也没有让他饱受痛苦和疾病的折磨，并且埃斯科拉庇俄斯也没有让他魂飞魄散。相反，他安睡在自家的床上死去，还迎来了一个辉煌的结局，在提帕尼斯（Typanis）举行了隆重的葬礼。① 他通过犯罪攫取的权力仿佛变得公正且合法了，他还能把它当作遗产交给自己的儿子。[85] 我很不情愿讨论这一主题，因为这像是在为虎作伥。这种顾虑是不无道理的；要是没有众神的神意，仅有我们自己分辨善恶的良心（conscience），那么这种顾虑就是杞人忧天了。要是我们再连良心都没有了，那么整个世界都会毁灭了。如果善行无好报，恶行无报应，那么这就像修建房屋没有蓝图，治理国家没有制度一般了。这样一来，肯定就不存在像对世界的神圣管理之类的事情了，因为在这样的管理中善与恶没有任何差别。

[86]"你们学派也许会反驳说，众神只是忽视（neglegunt）了一些无关紧要的事情，他们不会密切关注每个人的土地和少得可怜

---

① 原文有缺损。

的葡萄园。并且，即便有哪个人因旱灾或冰雹遭受了损失，也用不着劳驾朱庇特，这就好比一位国王不会注意王国中的每一件小事——你们就是这样辩解的。这也像我刚才提到的鲁提利乌斯的悲惨遭遇①，我感到遗憾的不是他在佛米埃（Formiae）的财产，而是他的安全受到了威胁！[XXXVI] 可是，所有的凡人都是如此认为的：他们永恒的福祉，他们的葡萄园、庄稼地和橄榄园穰穰满家、硕果累累；简言之，他们生活中的所有受用和财产，都是从神明那里得到的。但是，没有一个人会将自己的德性归于众神。[87]毫无疑问，这样做是正确的，因为我们的德性理应得到别人的赞美，我们也理应为自己的德性感到光荣。不过，要是我们的这种品质是从众神那里得来的，而不是我们自己的，情况就变了。相反，要是我们名利双收，或者撞了大运，或者逢凶化吉，我们就要对众神心存感激，而不要以为是我们自己的功劳。有没有人因为自己是好人而感激众神的？没有，但人们会因为财富、地位或健康感激众神。正是如此，我们将朱庇特奉为至善至伟的神，不是因为他让我们公正、谦虚或明智，而是由于他给我们安全、健康、财富，以及充裕的资源。[88] 要是一个人足够聪明，他就不会发誓向赫拉克勒斯奉献'十一税'（quisquam decumam）！② 据说，毕达哥拉斯每每在几何学上有所发现，都会向缪斯奉献一头牛。我可不信，因为他甚至拒绝向提洛岛（Delio）的阿波罗献祭，生怕把血洒在祭坛上。不过，回到主题上来。人类普遍认为，应当向神明祈求好运，

---

① 参见本书 3.80。
② 人们惯常将战利品和所获宝藏的十分之一献给财富神赫拉克勒斯。

而智慧要从自己身上寻求。我们会为智力、德性和信念修庙，但我们明白获得这些品质要靠我们自己，而希望、安全、财富和胜利则应该求诸众神。因此，正如第欧根尼曾经说的，恶人（inproborum）的兴盛和走运彻底证明了众神的无所不在、无所不能都是虚妄的。［ⅩⅩⅩⅦ 89］人们可能会劝道，好人有时也有好报。对，我们抓住这些事例，并毫无理由地把它们归于不朽的众神。但是，一个叫迪亚戈拉斯的无神论者有次到萨摩色雷斯岛，他的一个朋友诘问他：'你认为众神对人事漠不关心，但你从这些还愿的场景中还看不出有多少人因为祈祷而逃脱暴风雨的肆虐，安全地驶达了港口？''你说得对呀，'他回答道，'因为哪会有航船失事而葬身海底的场景呢?!'还有一次，他在航行途中，船员们对暴风雨感到惊恐万分，向他抱怨，他们之所以会遭此厄难就是因为与他同船。这时，他伸手一指，在同一条航线上还有几艘船正在惊涛骇浪中沉浮。于是，他质询他们：是不是觉得那些船上也有个迪亚戈拉斯？事实是，一个人是什么品性，过什么样的生活，同运气的好坏没有任何关系。

［90］"巴尔布斯告诉我们，众神不操心任何事情，就像国王也无所事事，但这二者之间有什么相似之处？这是因为，一个国王要是假装无知，将什么事情都抛在脑后，当然要受到严厉的指责。［ⅩⅩⅩⅧ］但是，至于神明，他们连无知（inscientiae）的借口都没有。你和你的学派为神做了一个精彩的辩护——你们说天网恢恢，纵使有人死掉，摆脱了惩罚，这惩罚也会传及其子女，以及子子孙孙！神圣的公正是多么奇怪！有哪个国家会通过这种法律的提案，

规定若父辈或祖辈做了错事，他们的子孙也要责罚？

> 与坦塔罗斯（Tantalus）的世仇何时终了？
> 密耳提罗斯（Myrtili）的死亡
> 还填不满复仇的胃口？①

[91] 到底是诗人带坏了斯多亚派，还是斯多亚派给诗人撑腰了，我很难说清，因为他们都在絮叨一些粗野而荒唐的故事。例如，那些被希波那克斯（Hipponax）的讽刺诗或阿尔基洛克的诗句刺痛的人，不可以平复由神带来的痛苦，倒可以平复源于自身的痛苦。当我们看到埃奎斯托斯（Aegisthus）或帕里斯（Paris）的纵欲时，我们不会在神那里找原因②，因为他们自己的罪恶几乎昭然若揭。我也认为，很多病人的康复是希波克拉底（Hippocrates）的功劳，而不是埃斯科拉庇俄斯的庇佑。我绝不会同意拉栖代蒙人的制度（Lacedaemoniorum disciplinam）是由阿波罗而不是莱克古斯（Lycurgus）给斯巴达的。我认为，正是克里托劳斯（Critolaus）造成了科林斯（Corinth）的毁灭，是哈斯德鲁巴（Hasdrubal）③ 导致了迦太基的覆灭。正是两个凡人断送了这两个海滨城市的辉煌，而非神明的圣怒——根据你们学派的说法，神明完全不能发怒。[92] 但无论如何，神明都有能力帮助和保护那些伟大而光荣的城市，

----

① 或许出自阿克齐乌斯的《提厄斯忒斯》（*Thyestes*）。

② 即阿伽门农的死，特洛伊的沦陷。

③ 克里托劳斯是希腊联军（the Achaean League）的元帅。在公元前 147 年，他被罗马打败。次年，科林斯陷落。哈斯德鲁巴是迦太基的将领。他率领远征军攻打努米迪亚（Numidia），招致第三次布匿战争。最终，迦太基惨遭屠城。

［ⅩⅩⅩⅨ］因为你们通常说没有什么事情是神明做不了的，而且轻而易举。这是因为，他们不像人要费力（labore）才能活动四肢，他们仅仅凭心灵（mente）和意志（voluntate）就可以办到。于是，你们说，一切都可以为神圣的意愿所塑造（fingi）、移动（moveri）和改变（mutarique）。你们又说，这并不是由古老的迷信得来的猜想，而是根据一种融贯的自然知识推出来的。你们宣称，因为构成并包含万物的物质能够延展（flexibilem），能够塑形（commutabilem），所以任何事物都能由它循序渐进地形成和改变，而这种物质的塑形和控制的力量就是神意。因此，神意在哪里出现，就在哪里创造出自己想要的任何东西。由此，神明或者对自己的力量一无所知，或者对人事漠不关心，或者不能判断什么是最好的（optimum）。［93］你说：‘他不关心某一个人（singulos homines）。’这一点儿不让人惊奇，但他也不关心一群人，不是吗？他几乎很少关心一个民族和种族。但是，如果我们发现他连民族和种族都鄙视，那么他鄙视整个人类还有什么值得大惊小怪的呢？你说众神并不会事事关心，但为何又说不朽的众神把梦区分开来并分配到每个人身上？巴尔布斯，我之所以向你提这个问题，是因为这个有关梦的说法正是你们学派的信条。你又犯了一个前后不一的毛病。你们说，为自己而发誓是对的。这当然是某个人在发誓，因而神圣的心灵也会倾听某个人的心事。〈另外，〉你其实明白了他们并没有你想象的那么忙碌，对吗？就算他们忙得不可开交，要让天空旋转，要让大地运行，还要让海洋流动，为什么还有很多神明什么事情都不做，闲散自在呢？巴尔布斯，为什么不把那些无事可做的神明派来负责人事呢？反

正你说这些神多得不计其数。

"这些就是关于神圣本性主题我不得不说的话，不是为了反驳神的存在，而是为了让你明白这个问题是多么让人头疼，是多么令人费解。"

［XL94］科塔说完此番话之后，就不再说了。卢西留斯接着说："好吧，科塔，你已经横扫了斯多亚派关于神意的学说，即使他们的学说对众神显得如此虔诚，而又如此受到大众的欢迎。天就要黑了，你必须让我们换个时间再讨论。这样，我们就可以好好地应对你的论证了。我要与你周旋，为了圣坛和祭炉，为了神庙和神殿，为了我们的'城墙'，你和你的祭司同胞视为圣物的城墙。你殚精竭虑地用宗教仪式守护我们的城市，其用心程度远远超过以堡垒为屏。只要我还有一口气，我的良心就不会允许我抛弃这份事业。"

［95］"就我而言，"科塔回答说，"我倒是很想受到一些批驳。我是为了讨论那些我提出来的学说，而不是宣告什么断言。我相信，你确实会轻易地战胜我。"

"是的，"威莱乌斯插话说，"巴尔布斯一定会，因为他居然认为，梦也是朱庇特送给我们的，尽管梦本身并不像斯多亚派的神学那样无足轻重（levia）。"

曲终，人就散了。最后，威莱乌斯认为科塔的观点最接近真理，而我认为巴尔布斯的观点才有些真理的样子（veritatis similitudinem）。

附录 I：《论诸神的本性》残篇

《论诸神的本性》第三卷残篇

1. ［拉克坦提乌斯（Lactantius），《神圣原理》（*Divine Institutions*）Ⅱ.3.2］西塞罗明白，人们的崇拜对象是虚假的。虽然他说了许多颠覆宗教的话，但还是补充道："这些事断不可公开议论，以免摧毁这个国家现有的宗教。"

2. ［同上，Ⅱ.8.10］西塞罗在讨论神性时说："因此，首先，万物由之而来的物质基质不可能是由神意创造出来的，但有可能的是，它自始至终都拥有自身的力量和本性。就好比，木匠要造房子，不用自己伐木，会使用现成的；与之类似的，还有制模匠使用蜂蜡。由此，你们的神意不必自己动手造材料，而是利用触手可及的东西。可是，假如材料不是神制作出来的，那么土、水、气和火也都不是神创造出来的了。"

3.［迈乌斯（Maius），《维吉尔的释古》（*Ancient Interpreters of Virgil*），p. 45，ed. Milan.］西塞罗在《论诸神的本性》第三卷提到了斯巴达的克里奥米尼兹（Cleomenes）……①

4.［狄俄墨得斯（Diomedes），《语法学》（*Ars Grammatica*）I. p. 313. 10 Keil.］西塞罗在《论诸神的本性》第三卷写道："人超越所有低等的动物。"

来源不明残篇

5.［塞尔维乌斯（Servius），《论维吉尔的〈埃涅阿斯记〉》（*On Virgil Aeneid*）III. 284］图利乌斯（Tullius）在其著作《论诸神的本性》（*De Natura Deorum*）中称："一个大年有三千年。"②

6.［同上，III. 600］"spirabile"（能呼吸的）一词是西塞罗的风格，尽管他在《论诸神的本性》中用的是"spiritabile"。③

---

① 此句以及以上两段残篇，普拉斯博格（Plasberg）将其并入 *DND* 3.65。

② 参见本书 2.51。但在那里，"大年"的具体时长不清。在《霍腾西乌斯》（*Hortensius*）fr. 26，西塞罗指出"大年"即 12 954 年。

③ 有学者指出，塞尔维乌斯在此使用的是"spiritale"，这可能是正确的。西塞罗 *DND* 2.18 中使用的是"spiritalem"的变体，即"spiritabilem"，但这难以证实，或许是讹误。该词的通常写法是"spiritualis"。

7.［同上，Ⅵ.894］眼睛的"角膜"（portam corneam），顾名思义其形为角状，且比身体的其他部分更坚硬，因为它感觉不到冷，西塞罗在《论诸神的本性》中也是这样说的。①

---

① 西塞罗所谓的"角膜"是子虚乌有的，尽管他在本书2.144中称："耳朵的入口很硬，像喇叭。"

附录Ⅱ:《论命运》*

[Ⅰ1]……因为它关涉"品德"（mores），希腊人称之为"*ethos*"（道德），我们通常将此部分哲学称作"品德研究"。不过，若该学科要恰当地列入拉丁语，则应将其命名为"道德学"（moralem）。至于

---

* 本附录译自 Sutton，E. W. & Rackham，H.，ed. & trans.，*De Oratore*，*De Fato*，*Paradoxa Stoicorum*，*Partitiones Oratoriae*，in Loeb Classical Library（Cambridge，Mass achusetts：Harvard，1942）。《论命运》是西塞罗研究世界存在方式的著作，以新学园怀疑论为基调，深入考察了伊壁鸠鲁派和斯多亚派在自然哲学问题（即"自由"与"必然"的矛盾）上的核心观点。就伊壁鸠鲁派而言，他们立足德谟克利特以来的原子论，发展出"原子偏斜"的理论，从而凸显自由在世界发展和人类生活中的内在作用。斯多亚派具有明显的泛神论色彩，将整个世界都置于"命运"的统摄下，因而绝对的必然性损害了自由。但是，斯多亚派内部逐渐发展出一套关于事物"原因"的折中理论，从而论证了自由意志的可能性。新学园派从怀疑论出发，讨论了两派的理论困境，认为不论是斯多亚派还是伊壁鸠鲁派，都不能完满地回答世界的必然与人的自由之间的矛盾问题。对本附录的详细解读，参见 R. J. 汉金森：《决定论和非决定论》，张鹏举译，见崔延强主编《努斯：希腊罗马研究》第六辑，上海人民出版社，2023。——译者注

"命题"（ratioque enuntiationum），即希腊所谓的"*axiōmata*"也有必要加以阐释。当诸如此类的命题陈述未来事件（那些可能或不可能发生的事情）的时候，它们在多大程度上有效，探究起来也很艰难。哲学家将此类研究定名为"*Peri Dynatōn*"（论可能）；而全部研究主题则统称为"*logikē*"（学科），我称其为"学说"（rationem disserendi）。我在其他著作中运用的方法，如在《论诸神的本性》中，还有在业已出版的《论预言》中，就是展现正反双方的一整套辩论，让学生们自己选择那些看起来最有可能的观点。但是，在讨论"命运"（fato）这个当前的主题时，我却一反常态，不能施展相同的方法了。

［2］我曾住在普特奥利（Puteolano），朋友赫尔提乌斯（Hirtiusque）与我为邻。他是执政官，也是我的挚友，更是一个勤勉的学生，热心于我从幼年起就着力的各种主题。因此，我们常常相聚，从我们自己出发，忙着谋划能够有助于国家安定和谐的种种政策。我们之所以如此，是因为恺撒死后，人们似乎汲汲于摸索各种发动新政变的便利途径，我们认为自己必须挺身而出，遏制当下的趋势。由此，我们的谈话大多是对相关问题的思量。在多种场合，在相较平时不太忙碌的日子，在少有人造访的时候，赫尔提乌斯便登门，我们就开始了平日里一直讨论的主题，即平和（pace）与宁静（otio）。

［Ⅱ3］闲谈过后，赫尔提乌斯发话："下面怎样呢？但愿你别真的放弃演讲的操练，尽管毫无疑问，相较于演讲，你已经把哲学放在了优先的位置；好吧，我有可能听到些什么演讲吗？"

"是啊，"我说，"你要么就听，要么就自己讲；你想得没错，我并没有改变长久以来在演讲方面的兴趣。其实，我还把你给感染了，尽管在我看来，你已经是一个兴致勃勃的爱好者了。何况，我现在手头的事情也没有削减我演讲的才能，反而有所增进。这是因为，演讲与我所中意的哲学理论密切地联系在一起，演讲家巧妙地借鉴了学园派，并回报充实而流畅的表达风格和修辞技巧。如此一来，这两类研究就都在我们的领域内，今天你来选哪一类更合你的口味。"

"你可真是个好人，"赫尔提乌斯回答，"一如既往地好；你从未让我的愿望落空。[4] 不过，我也熟悉你们学派妙语连珠的演说；而其中你的演讲，我经常听，也常常愿意听。此外，你在图斯库兰的辩论表明，你采用了学园派的论证策略，以反驳提出的论点。因此，要是你同意，我要你提出一些论点，好让我听听相应的驳论。"

"要是连你都同意，"我答道，"我还有什么话说呢？但你听到的，可是一个彻头彻尾的罗马人说的话，此人一接触这类讨论就紧张，而且是过了很长一段时间才回到相关研究的。"

"我会聆听你的演说，就像在拜读你的著作一般；就开始吧，让我们坐下来。"

[Ⅲ5]"……在诸如此类的情况下，例如，诗人安提帕特（Antipatro）的事，某人在冬至出生，兄弟们同时患病，尿与指甲的问题，以及类似的种种事例，自然的'联系'（naturae contagio）起着作用。我并未因此将〈偶然的因素〉排除在外——因为这里的联

系完全不是注定的强制力量。除此之外，别的地方也可能存在偶然的因素（fortuita），比如我们讲过的遇难水手、伊卡狄俄斯（Ica-dio）或者达费塔（Daphita）。〈不过，〉有些例子甚至看起来就是波西多纽的臆造（希望这位大师会原谅我说的话）；无论如何，这些事情都是荒唐的。设想达费塔命中注定要从马上跌落下来，因而丧命，如果这马不是事主本应该驾驭的那匹有名有姓的真正的马，会怎样呢？或者，难不成它是那辆小驴马车，就是菲利普（Philip）曾被告诫要提防别被剑柄绊倒的那辆马车？说得好像是那剑柄注定会干掉他似的！再者，无名无姓的遇难水手掉进了河里，这有什么值得注意的呢？尽管我们的权威人士确实记载了一些关于他的情况：他被警告会溺水身亡。就算在强盗伊卡狄俄斯的例子里，我也发誓看不到一丝命运（fatum）的踪迹，因为没有证据表明他获得了任何警告。[6] 由此，如果洞顶的石头正好砸在了他的腿上，这有什么好惊讶的呢？我倒是觉得，即使伊卡狄俄斯那时没在洞里，那石头还是会掉下来，因为要么没有事情是偶然的，要么这一具体的事例就有可能是偶然发生的。因此，我想弄明白的是（这也关系到多方面的问题），如果不存在像"命运"这样的词汇，不存在这样的事情，不存在这般的力量，如果大多数或者所有的事情都仅仅是偶然发生的，那么事情的发展过程会和现在有所不同吗？假如我们解释任何事情的时候都诉诸自然①和偶然，而无关命运，那为什么还要喋喋不休地谈论命运呢？

---

① 此处的"自然"指事情（事物）自身发生和发展的实际状态，请注意与后文的"自然"区分开来。——译者注

［Ⅳ7］"不过，我们先把波西多纽恭恭敬敬地请走，这也是他应得的，再回到克律西波的精巧论证上来。我们先来回答他有关'联系'（contagione）实际影响的问题；至于其他论点，则随后讨论。我们知道，人所处的地方（locorum）不同，其品性就大相径庭。因为我们注意到，有人健康，有人孱弱；有些地方的居民饱受潮湿的侵袭而性格冷漠，有些居民的住地干燥，故而外向奔放；并且，不同地方之间的差异还不止于此。雅典常年空气稀薄，据认为这便是此地人士拥有过人才智的缘由；底比斯（Thebes）空气浓稠，因而底比斯人敦实粗犷。然而，雅典的稀薄空气没能让学生在芝诺、阿尔克西劳、泰奥弗拉斯托斯（Theophrastum）的课程之间做选择，而底比斯的浓密空气也不会让某人力争赢得尼米亚（Nemea）的赛跑，而非科林斯的比赛。［8］让我们将此区分推进一步：告诉我，地域的特征会不会让我们在庞贝（Pompeii）的走廊而非平坝散步？同你做伴，而不是和别人？在月中，而不是在月初？可见，地域的特征对有些事情有影响，而对其他事情又没有影响了。同理，天体的状况可能如你所想会影响某些事情，却必定不会影响所有事情。

"你会说，人的本性有所不同，那么一些人嗜甜，一些人喜欢尝苦味，有人纵欲，有人易怒，有人残暴，有人自傲，另一些人却在这些恶行面前畏畏缩缩；所以我们知道，人与人的差别如此巨大，那么不同的原因引起不同的结果，这个观点又有什么出格的呢？［Ⅴ9］克律西波提出的论证就是这样的，但他不明白争论的主题，不清楚论证的要点。因为该论证不能进行下面的推论：如果人们习性（propensiores）的不同是由于自然和前定的（naturalis et antecedentis）原因，那么我们的意志（voluntatum）与欲望（ad-petitionum）的不同也是由于自然和前定的原因。若是如此，我们就再无自由意志了；就是说，任何事情都不能为我们所掌控。不过，姑且这样，即使我们承认，自己是机智还是愚钝，是强壮还是羸弱，都不取决于我们自己，要是有人凭此推出我们选择坐着还是散步都不能自主，那么此人就没有辨认出因果之间的真正联系。诚然，天才和傻子生来就是这样，归于前定的原因，并且强壮和羸弱同样如此。但是，这也推不出我们坐和走或者干什么事也都是先前的原因所设置与确定的。[10] 据知，麦加拉学派的哲学家斯底波（Stilponem）无疑是个聪明人，当时备受爱戴。斯底波的同门在书中将其描绘成纵情酒色之徒，可他们的记载并无谴责之意，反而是为了提升他的名望。这是因为，他们称斯底波通过学习完全掌控和制服了自己的恶性，从未有人见过他喝得烂醉，也没人见过他有丝毫的纵欲。此外，我们不是读到过苏格拉底如何被'相士'（physi-ognomon）佐庇鲁斯（Zopyrus）污蔑吗？此人宣称从人的身体、眼睛、面容和眉毛能够发现人的所有品性。他说苏格拉底又蠢又傻，因为他锁骨以上的脖子没有下凹——他还说苏格拉底身体这些部分的生长停滞不前；他还补充道：此人定是好色之辈——据悉，亚西比德（Alcibiades）听后捧腹大笑！[11] 诚然，这些缺陷（vi-tia）很有可能是自然原因造成的；但人们将其根除，彻底摈弃，将自己从习惯的恶行中解脱出来，却并非自然原因之功，而是意志（voluntate）、努力（studio）和训练（disciplina）的成果。如果占卜的奇谈可以证明命运的力量和存在，那么人们自身的种种努力都将荡然无存。

[Ⅵ]"实际上，占卜果真如此，那么科学观察（perceptis）的特征究竟是什么（我用'perceptis'一词来转译'theōrēmata'）——它不是占卜的来源吗？因为在我看来，即便那些操弄占卜的人，若要预言将来的事，也不会把'观察'抛在一边；我更不相信所有学科的专家在从事相关研究时会对'观察'置之不理。[12] 好吧，占星术士的观察有这样一个例子：'某人若在天狼星升起时出生，则不会死在海上。'当心，克律西波，可别让自己授人以柄；对此，你和那个固执的辩证法家狄奥多罗（Diodoro）争吵得厉害。这是因为，如果命题'任何人若在天狼星升起时出生，则不会死在海上'的因果联系为真，那么下面一句的联系也为真，即'法比乌斯若在天狼星升起时出生，则不会死在海上'。由此，命题'法比乌斯在天狼星升起时出生'与命题'他会死在海上'二者之间不相容。既然在该例中，此人在天狼星升起时出生是确定无疑的，那么命题'法比乌斯存在'与命题'法比乌斯将死在海上'也是不相容的。因此，'法比乌斯存在，且法比乌斯将死在海上'前后相互抵牾、不能共存，就是说此命题是不可能成立的。如此一来，命题'法比乌斯将死在海上'也归于不可能成立的一类了。总之，每个关于未来事件的假命题都是不可能成立的。

[Ⅶ13]"然而，克律西波，这个观点你绝不会同意。并且，该点正是你与狄奥多罗争论的要害。① 他说，要么是真的，要么将是

---

① 狄奥多罗的"大师论证"（Master Argument）是关于逻辑必然性的古代论证，但克律西波否认必然性，而认可因果决定论（causal determinism）和"命运"。——译者注

真的，才是可能成立的。他又说，将存在的，都必定发生；不会存在的，不可能发生。你说，不会存在的也是'可能的'（pos-se）——例如，即使这珠宝绝不会摔坏，它还是可能摔坏。科林斯的库普塞罗（Cypselum）的统治不是必然的，尽管阿波罗的神谕在千年以前就已经宣告了他的统治。但是，如果你打算首肯诸如此类的神谕，那么你就会将关于未来事件的虚假陈述（譬如，这个神谕：阿夫里卡努斯不会攻占迦太基）都算作不可能成立的一类。还有，如果某事正确陈述了未来的事件，并且事实将会如此，那么你就得说它是真的；不过，这些观点全都是狄奥多罗的，和你们学派的观点相悖。[14]假设下面一句话表达了正确的联系，即'如果你在天狼星升起时出生，那么你不会死在海上'；并且，此陈述中的前一个命题即'你在天狼星升起时出生'是必然的（necessari-um），因为正如克律西波所想，所有过去的（in praeteritis）事情都是必然的——过去的事情都无法改变（inmutabilia），而且这些事情也不会变成假的。（但是，他的老师克莱安塞却提出了异议。）因此，若此陈述中的前一个命题是必然的，那么其中的后一个命题也成了必然的了。虽然克律西波并不认为这种联系是普遍的，但是无论如何，只要法比乌斯不应死在海上的自然（naturalis）原因是存在的，法比乌斯就不可能死在海上。

[Ⅷ15]"对此，克律西波显得有些紧张，希望迦勒底人（Chal-daeos）和其他先知都是错的，希望他们不要用条件命题（coniunc-tionibus）来陈述自己的观察，就像说'任何人若在天狼星升起时出生，则不会死在海上'那样，而要这样说：'某人在天狼星升起

时出生，此人将死在海上，二者不能共存。'好荒唐的假想！为了避免落入狄奥多罗之手，他竟然好为人师，教迦勒底人要用适当的形式描述自己的观察！我问你：如果迦勒底人采纳了这类形式的陈述，即选言命题的否定式（negationes），而不再运用具有无限接续关系（infinita conexa）的条件句，那为什么医生、几何学家和其他从业者不会也这样做呢？先拿医生来说，他不会用这种形式表达某种明确的科学原则，即'如果某人的脉搏如此这般，他就在发烧'，而是说'某人的脉搏如此这般，他没有发烧，二者不会同为真'。同理，几何学家不会如此说'球体上最大的圆对半分'，而是说'球体上的某圆形是最大的那个，此圆没有将球体对半分开，彼此不会同为真'。[16]〈照这种方法〉从必然结果的条件句转换为选言命题的否定式能不成功吗？事实上，我们可用其他方式来表达同一事情。正如我才说的，'球体上最大的圆对半分'，我也可以说成'若球体上的某圆形是最大的'或者'因为球体上的某圆形会是最大的'。陈述命题的方式多种多样，但克律西波盼着迦勒底人接受某种表达形式，以此融入斯多亚派，真是费力不讨好。没有哪个迦勒底人会用这类语言，因为他们熟悉这种绕圈子的表达（contortiones orationis）比认识星座的起源和设定更为艰难。

[Ⅸ17]"让我们回到狄奥多罗的论证；我们提到过，他们希腊人将此论证称为'可能论'，其中'可能'是考察的对象。狄奥多罗认为，只有现在为真或将会为真的东西才是可能的。这一命题与以下几个论证相关：任何无必然性的事情都不会发生；凡是可能的东西要么现在是可能的，要么将来是可能的；将要变化的事情不会

比已经发生的事情更有可能性。不过，在已经发生的事情中，它们的不变性（immutabilitatem）是显而易见的，而在将要发生的事情中，它们的不变性并不显著，所以看起来不太像会发生。因此，对于一个患有重病的人，'此人将死于该病'这一命题为真，而同一命题对于一个病情显然并非如此严重的人，无论如何也可能是真的。由此推得，即便是未来的事情由真变假也不会发生。'斯基庇俄将会死去'的命题是有效的，尽管它是对未来的陈述，也不会变成假的，因为它陈述的是人，人必然（necesse）会死。[18] 如果有一个陈述'斯基庇俄夜里将在卧室死于暴力'，那么这种形式的陈述则为真，因为它陈述了这样一个事实：某将要发生的事情确实将会发生，并且它将要发生是从它确实发生这个事实必然推导出来的。'斯基庇俄将要死去'不会比'斯基庇俄将会以这种方式死去'更真，他会死不会比他以这种方式死的必然性更大，'斯基庇俄已被谋杀'不会比'斯基庇俄将会被谋杀'由真变假的不可更变性更大。

"既然如此，伊壁鸠鲁有什么理由惧怕（extimescat）命运，要从原子那里寻求庇护，让原子偏离垂直运动的轨迹？同时遇到两个完全无法解释的难题：其一，某些事的发生没有原因，其蕴含着某些东西由无而生的推论，这是伊壁鸠鲁和自然哲学家不愿承认的；其二，当两类原子穿行于虚空时，一类以直线运动，一类则发生偏斜。[19] 事实上，伊壁鸠鲁不必担心，生怕当自己承认每个命题或真或假时，所有事情的发生必然会由'命运'所致。因为'卡尔内亚德将去学园'这一命题为真，不是由于自然而必然的永恒原因

（aeternis causis naturae necessitate）。但也并非没有原因，而是由于偶然性的前因（causas fortuito antegressas）和自身所包含的自然动因（causas cohibentis in se efficientiam）之间存在着区别。因此，'伊壁鸠鲁将死于毕达拉图斯（Pytharato）统治时期，终年72岁'这一命题总是真的，但不存在任何如此发生的命定原因（causae fatales），而是因为它确实这样发生了，就当时而言，由于一系列特定的原因，它当然将会发生。[20] 此外，有人声称将要发生的东西是不变的，一个真的未来事件不可能变为假的。实际上，他们不是肯定命运的必然性，而只是解释了词义。相反，有人引入持续不断的原因系列（causarum seriem），剥夺了人类心灵的自由意志（voluntate libera），将之束缚在命运的必然性上。

[Ⅹ] "这一话题讨论得很充分了，让我们考察其他问题。克律西波这样推论：如果存在没有原因的运动，那么每个命题（辩证法家称之为'*axiōma*'）就不会是真的或假的，因为凡是没有实效（efficientis）原因的东西，都无所谓真假；但是，每个命题的确是真的或假的；所以不存在没有原因的运动。[21] 如果这样，那么所有事情就都是由于'前因'（causis antegressis）而发生；如果确实如此，那么事情的发生就都是由于命运；因此，所有事情皆因命运而发生。在这一点上，首先，如果我决定同意伊壁鸠鲁的观点，声称并非每个命题都是真的或假的，那么我宁肯承受这一打击，也不愿赞成所有事情都是由命运导致的，因为前者至少还有什么是可以争辩的，但后者却无法容忍。相应地，克律西波却竭力劝说我们相信所有命题都是真的或假的。因为正像

伊壁鸠鲁所担心的，假如他接受了这一点，那么他一定会承认所有事情都是由命运导致的（这是因为，若某个选言命题总有一个命题肢为真，则它是确定的；若它是确定的，则它是必然的。他认为，这一点会确证必然性和命运）。同样，克律西波害怕，如果他不能坚持每个命题都是真的或假的，他将无法坚持自己的观点：所有事情都是由命运导致的，都源于支配未来事件的永恒原因。

[22]"然而，伊壁鸠鲁认为原子的偏斜运动可以规避命运的必然性。因此，除了重力和碰撞，当原子通过微小间隔发生偏斜（他称之为'*elachiston*'）时，便出现了第三种运动形式。事实上，他不得不承认，即便语焉不详，这种偏斜是没有原因的。原子不可能由于另一个原子的撞击而偏斜，因为如果这种不可分割的物体（corpora individua）就像伊壁鸠鲁所认为的那样，因其自身的重量垂直运行，那它们之间怎会相互碰撞？由此推得，如果一个原子绝不会被另一个挤占，那么它就不会同另一个相遇。同理可知，即使原子存在且发生偏斜运动，其偏斜也是没有原因的。[23]伊壁鸠鲁之所以引入这一理论，是因为他担心，如果原子总是通过重量的自然和必然力量运行，那么我们无论如何也没有自由，因为心灵的运动受制于原子的运动。原子论的创始人德谟克利特宁肯接受一切都通过必然性发生，也不愿剥夺原子本身的自然而然的运动。

[XI]"卡尔内亚德则更为睿智，他指出伊壁鸠鲁派就算没有想象出原子的偏斜运动，也可以为自己的理由辩护。既然他们主张可

能存在某种心灵的自主运动（animi motum voluntarium），那么宁可为这个说法辩护，也不要轻易引入原子偏斜，尤其因为他们无法为之找到一个理由。只要坚持这个观点，他们就可从轻松应对克律西波的攻讦，因为即使他们承认不存在没有原因的运动，也不至于承认每件事情的发生都由其‘前因’所致，他们可以辩解：我们的意志（voluntatis）并不存在外部的和前在的原因。［24］因此，当我们说‘某人无故希望或不希望某事’，我们是在误用（abutimur）业已接受的语言习惯，因为我们说‘无故’是指‘没有外在的和先在的（externa et antecedente）原因’，不是‘根本没有原因’。就像当我们说一个容器是空的时候，并不是在那些自然哲学家所用的意义上说的。他们认为绝对的真空是不存在的，而我们的意思是说，比如容器里面没有水、酒或者油等等。同样，当我们说心灵无因运动时，意味着其运动没有前在的外部原因，但并非完全没有原因。无因运动可以说成，原子本身因其重力和重量穿越虚空运动，因为没有来自外部的其他原因。［25］另一方面，如果我们说任何事情都无因发生，免得自然哲学家嘲笑，那么我们必须对原因进行区分，必须对物质以如此方式加以解释——原子凭借自己的重量和重力保持运动，这是它自身的本性；而其本性正是它以这种方式运动的原因。同理，我们不需要寻找外在的原因来解释心灵的自主运动，因为自主运动自身就包含着一种自我主导、自我服从（pareat）的内在本性，但这并非没有原因，因为其本性正是这种运动的原因本身。［26］由此，凭什么理由说每个命题并非真的或假的，何况我们又不承认任何事情的发生都是由'命运'导致的？① 他说理由就是，如果某个未来事件不能说明自己将来'为何'存在的原因，那么它就不能为真；所以那些为真的东西必然具有原因；相应地，当它们发生的时候，它们将因命运而发生。

[Ⅻ]"只要你不得不承认或一切因命运发生，或某些东西能够无因发生，事情就没什么好谈的了。[27]思考这一命题，'斯基庇俄将攻占诺曼提亚（Numantiam）'。如果一系列相互关联的外在原因不会导致它的发生，那它还会以其他方式为真吗？如果该命题在很久以前就被人谈起，那它还会为假吗？如果'斯基庇俄将攻占诺曼提亚'这一命题当时不曾为真，那么在诺曼提亚陷落后，'斯基庇俄将攻占诺曼提亚'这一命题也不会为真。由此，任何事情业已发生，而在发生之前有可能不会为真吗？因为正如我们把在先前某个时间具有真实性的东西说成真的，我们也把在将来某个时间具有真实性的东西称为真的。[28]但我们不能由每个命题都是真的或假的就直接得出，存在着永恒性的不可变更的原因；禁止任何事情发生，除非它将要发生。导致'加图将来到元老院'这一形式的命题为真的原因是偶然（fortuitae），它们并非内在于事物的本性和宇宙的秩序。但无论如何，'他将来到'若为真，它就和'他已来到'一样不可变更（尽管我们不必为此恐惧命运或必然性）；这是因为，我们必然会承认：'霍腾西乌斯（Hortensius）将来到他在图斯库

---

① 据克律西波和迪奥多图的分歧可知，此处的"命运"指后者所谓的严格"必然性"。相反，克律西波本人以及卡尔内亚德认为，虽然事情的发生并非因循必然性，但是它们的发生仍有原因，因而由命运而发生。——译者注

兰的住地'这一陈述如果不为真，那么就为假。我们的对手认为这两种情况都并非如此，但这是不可能的。① 所谓的'懒惰辩'，一种哲学家称之为'argos logos'的论辩，也不会阻碍我们。如果我们听信这一论辩，我们将在生活中完全无所作为。这一论辩如下：'如果你能康复是命定的，那么你无论看不看医生都将康复；[29]同样，如果你康复不了是命定的，那么你无论看不看医生都不会康复；你康复或者不康复是命定的，所以看和不看医生都没有意义。'

[ⅩⅢ]"这一论证形式被恰当地称作'懒惰'和'无为'，因为同样的推论会消除生活中的一切活动。人们可以改变一下命题的形式，其中不再包含'命定'一词，但意思不变，如下：如果'你将康复'这一命题永远为真，那么你无论看不看医生都将康复；同样，如果'你将康复'这一命题永远为假，那么你无论看不看医生都不会康复；所以，结论同前。[30]克律西波批判了这一论证。他说，一些事情是简单的，而另一些事物是复杂的。'苏格拉底将于那一天死去'是简单的，无论他做什么还是不做什么，死期都是确定的。但'拉伊俄斯（Laio）将生有一个儿子俄狄浦斯（Oedipus）'是命定的，却不能加上'拉伊俄斯无论与不与一个妇人一起生活'，因为事情是复杂的（copulata）和命运交织的（confatalis）——他赋予这一名称，是因为他认为，拉伊俄斯将与他的妻子一起生活，并与之生下俄狄浦斯，这两点都是命定的。正如，有人说'米罗（Milo）将在奥林匹亚盛会上摔跤'，而某人回答'如果

① "我们的对手"应该为迪奥多图。他主张，事件发生的是否"必然"与命题的真假是一致的。——译者注

这样，无论有没有对手他都将摔跤'，这就错了。因为'他将摔跤'是复杂陈述，因为没有对手，就没有摔跤比赛。因此，所有此类谬论都能以此种方式进行回击。'你无论看不看医生都将康复'是谬论，因为看医生同康复一样〈，相互联系以促成命定的结果〉。这种情况，如我所言，克律西波称其为'命运交织的'。

[XIV 31] "卡尔内亚德拒绝接受此类论证，认为上述论证思考得并不十分准确。因此，他另辟蹊径，不玩弄什么诡辩伎俩。其结论如下：'如果所有事情皆因前因而发生，那么所有事情都在一个紧密结合、自然关联的网络中（naturali colligatione conserte contexteque）发生；若是这样，所有事情必然（necessitas）发生；由此，则不存在我们所能掌控的（in nostra potestate）事情。'可是，对于有些事情，我们确有自主能力。若所有事情皆因命运而发生，则所有事情都是前因的结果。因此，并非所有事情皆因命运而发生。[32] 〈但是，〉此类论证并不能得出更严苛的结论。① 如果有人重复同样的意思，说'如果将来发生的事情永远为真，以至于将发生的确实会发生，那么所有事情必然在一个紧密结合、自然关联的网络中发生'，这简直是无稽之谈。因为永恒的自然原因导致未来事件为真，未来事件纵无自然永恒性也可以被理解为真，这两种情况区别很大。综上，卡尔内亚德曾说，就算阿波罗也不能奢谈未

---

① "严苛"是针对迪奥多图的。卡尔内亚德不赞成克律西波所谓"命运交织"的解释：这是一种"诡辩"。因为事情的发生凡是存在"前因"，就一定会受到"命运"的影响。但是，卡尔内亚德也不支持迪奥多图的"严苛"观点，即事出有因，则事事出于必然。因此，后文才称，迪奥多图等人的观点"狭窄有限"，而斯多亚派的学说"自由宽松"。——译者注

来事件，除非这些事情的原因由自然联结（contineret）起来，以至于必然要发生。[33] 到底基于什么考量（spectans），神明说那个担任三次执政官的马塞勒斯（Marcellum）将死在海上？这件事的确永远为真，但并不具有实效原因。因此，卡尔内亚德持这样的观点：如果阿波罗对没有任何存在迹象的过去事情都不知道，那就更谈不上知道未来的事情了，因为只有认识到所有事情的实效原因，才有可能知道未来有什么事情会发生。由此，阿波罗不能预言俄狄浦斯的命运，因为自然中不存在预定的（praepositis）原因，因之必然做出弑父行为；他也不能预言其他此类事情。

[XV]"因此，因为斯多亚派称一切皆因命运而发生，所以他们接受此类预言和其他与占卜相关的事情是理所当然的（comprobare）。但是，那些声称未来事件永远为真的人却不会持有相同的观点，因为他们的情况与斯多亚派的不一样。他们的论证空间较为狭窄有限（urguentur angustius），而斯多亚派的学说则更为宽松自由（soluta ac libera）。[34] 即使我们承认无前因则无事发生，但这除了表明所研究的原因是永恒原因之链的一环，还会有什么好处？然而，原因是导致那些以之为因的东西产生的前提，正如受伤是死亡的原因，消化不良是生病的原因，火是热的原因。因此，'原因'不能做如是理解，就是把先于某物的东西当成此物的原因，而是把在之前发生实际作用（efficienter）的东西理解成原因：我到花园里来不是我打球的原因；赫卡柏（Hecubam）生出亚历山大，她也不会因此导致特洛伊人的死亡；廷达雷乌斯同样不会因为是克吕泰涅斯特拉（Clytaemnestram）的父亲而成为阿伽门农丧命

的原因。如果这样，一个人穿着光鲜就会被说成是路匪抢夺他衣服的原因。[35] 恩尼乌斯的诗句正是这类言语：

> 皮立翁山林地中的松树枝干，
>
> 如果没被斧头砍倒在地该多好！

他甚至可以进一步说，'如果没有树长在皮立翁山该多好！'，并且'皮立翁山不存在该多好！'同理，之前的事情还可以无限回溯：

> 如果那之前〈造船、〉启航的任务
>
> 就从未开始过。

倒推过去的事情，有什么意义？因为接下来会这样推下去：

> 如若这样，我漂泊的贵妇，
>
> 美狄亚，从未离开她的家乡，
>
> 不会伤心，不会为爱的冷酷武器所伤。

问题是，这些事情并非爱的原因。

[XVI 36] "不过，他们称，有些事情如此这般，以至于其他事情若没有了它们就不会有什么结果；还有些事情，别的事情必定靠它们才有结果——二者之间是有差别的。因此，上面刚提到的这些原因都不是真正的原因，因为它们都不是以自身的力量来影响那个据说以之为因的事物；事物受到影响的条件不是原因，而那些必然产生以之为因的事物的途径（accessit）才是原因。要是蛇咬尚未造成菲罗克忒忒斯（Philocteta）身染病痛，那么究竟是什么内在于自然的原因将他困在兰诺斯岛上？并且，这个原因还要与他后面的死亡联系得更近、更紧密。[37] 因此，正是结果背后的理据

（ratio）揭示了原因；然而'菲罗克忒忒斯将困于荒岛'这一命题永远为真，不可能由真变假。因为，当你拥有一对矛盾命题——我说的矛盾命题是指一个为肯定命题，另一个为否定命题时，必然一个为真一个为假，尽管伊壁鸠鲁否认这一点。例如，'菲罗克忒忒斯将会受伤'为真，那么'菲罗克忒忒斯将不会受伤'就为假，这是被证实多年的事情了。除非我们想接受伊壁鸠鲁的观点，声称这种命题既非真也非假，或他们当时羞于出口，尚未说出更耸人听闻的东西：此类包含两个矛盾命题的选言陈述为真，但其中每个选言肢无一为真。[38] 多么神奇大胆、可怜无知的逻辑！因为如果一个陈述既非真也非假，它当然不是真的。但是，不真的东西何以不假，不假的东西何以不真？由此，我们坚持克律西波所捍卫的观点：每个命题要么为真，要么为假。理性本身既需要（coget）某些东西永远为真，同时也需要它们不受永恒原因之链的束缚，从而摆脱命运的必然性。

[ⅩⅦ 39] "在我看来，有两类古代哲学家的观点：一类在于某些人相信万物皆因命运而发生，这种命运施加必然的力量，德谟克利特、赫拉克利特、恩培多克勒和亚里士多德持这类观点；另一类在于某些人认为存在自主的心灵运动，完全不受命运支配。克律西波，在我看来，似乎像一个民间仲裁官，想做骑墙派，尽管他其实更倾向于那些想让心灵摆脱运动必然性的人的观点。然而，当他使用自己的词语表达时，他却陷入了这样的困境，乃至在违背自己意愿的情况下肯定了命运的必然性。[40] 如果你愿意，就让我们看看这个与'赞同'（assensionibus）主题相关的学说有什么特征，

该主题在我们首次对话时讨论过。对于那些主张一切皆因命运而发生的前辈哲学家来说，'赞同'是必然性势必产生的结果。此外，那些不同意他们的人则把'赞同'从命运中解放出来，认为如果让'赞同'屈从于命运，那么'赞同'就不可能脱离必然性。他们是像下面这样论证的。如果一切皆因命运而发生，则一切皆因前因而发生；如果欲念（appetitus）是有原因的，那么随欲念而来的东西也是有原因的；因此，'赞同'是有原因的。但是，如果欲念的原因不在我们自身之中（non est sita in nobis），那么欲念本身就不能为我们所掌控（in nostra potestate）；若是这样，那些由欲念引发的东西也不在我们自身之中。由此，'赞同'和行动都不能为我们所掌控。由之推出结论：在赞赏或斥责、荣誉或惩戒方面就没有正义。但这一结论是错误的，他们因而认为可信的（probabiliter）推论是，并非所有事情都是命中注定的。

[XⅧ41] "但至于克律西波，他既拒斥必然性，又坚持若无前因则无事发生，所以他区分了原因的类别，以便避免必然性而又保留了命运。他说：'一些原因是完善的（perfectae）和根本的（principales），另有一些则是辅助的（adiuvantes）和近似的（proximae）。因此，当我们说一切皆因作为前因的命运而发生时，我们并非希望它被理解为一种完善的和根本的原因，而应该是一种辅助的和近似的原因。'相应，他反驳了我上面提到的论证，称：如果一切皆因命运而发生，那么的确可以推得一切皆因前因而发生，但不是由于完善的和根本的原因，而是由于辅助的和近似的原因。如果这些〈近似的〉原因不能为我们所掌控，那么就不能由此

推出欲念也是我们不能掌控的。相反，如果我们说一切皆因完善的和根本的原因而发生，那么正如这些原因都不是我们所能掌控的，欲念也是我们不能掌控的。　［42］因此，上述论证的结论（congclusio）对那些以强加必然性的方式引入命运的人是有效的（valebit），而对那些并未把前因说成完善的和根本的原因的人则是无效的。因此，至于'赞同'是因前因而发生的，他们认为自己可以轻而易举地解释这一命题的意思。虽然'赞同'除非受到表象（viso）的刺激，否则不可能发生，但表象只是提供了一种近似的而非根本的原因，而这一点正如克律西波所认为的，可以通过我们刚才讨论的理论予以解释；而该点确实无法证明：即使没有受到外部力量的作用，'赞同'也是可能发生的（因为'赞同'必然由感觉对象驱动）。然而，克律西波返回到他的圆柱和圆锥，认为这些东西是无法开始运动的，除非它们受到推动或撞击；不过，他认为，一旦运动发生，此物就会因其本性而持续运动，圆柱不停地滚动，圆锥一直旋转。

　　［ⅩⅨ43］"克律西波说：正像一个推动圆柱的人施加它一种起始运动，但并未赋予它滚动能力（volubilitatem）。因此，一个表象在撞击时当然会给自己的对象留下印象（imprimet），好像是把它的轮廓印在（signabit）心灵上，但'赞同'活动是我们所能掌控的；正如我们说一个圆柱体，尽管接收了某种外力，但它仍会凭自身的力量和本性继续运动。若某事无前因而发生，则万事皆因命定而发生就不会是真的。但是，如果就所有发生的事情而言，可能存在某种前因，那还有什么理由指示我们不承认一切皆因命运而发生

的观点？要理解的仅仅是各个'原因'之间有什么特质和差异（distinctio ac dissimilitudo）。[44] 这些形式的论说是克律西波提出来的，而如果那些否认赞同行为因命运而发生的人也承认该行为在没有先前表象的影响下发生，那么他们的理论便是一个不同的理论。但是，如果他们允许表象之前发生，但赞同行为不因命运而发生，因为赞同不是由刚才说的辅助的和近似的原因引发的，那么他们得到的就是同样的观点。就克律西波而言，尽管承认赞同的辅助的和近似的原因居于感觉对象当中，但并不承认它就是赞同发生的必然原因。由此，若万物皆因命定而发生，则事事皆因必然的前因而发生；并且，那些与之意见相左的思想者——承认若感觉印象不在之前出现，则赞同不会发生——也会同样说，如果每件事情皆因命定而发生，以至于没有什么事情会在没有前因的情况下发生，就不得不承认所有事情皆因命运而发生。由此可知，当他们双方的观点推进和展开的时候，最终会形成相同的立场，只不过措辞有别，但其实一致。[45] 大致上，我们确实可以做出这样的区分：当某种前因出现，我们不能阻止以之为因的结果发生；但在另一些情况下，虽然前因出现，但我们仍然能够扭转事情的发生——他们双方都会赞成此种区分。不过，其中一派认为，当前因发生时，我们确实不能改变事情的结果，因而这些事情确实为命运所统摄；但是，至于那些我们自己能够掌控的情况，命运却不施加影响……

[XX 46]"这才是讨论该问题的恰当方式。某人不该求助于原子的漫游和偏斜。他说：'原子确实偏斜了。'首先，原子的偏斜是什么引起的？他们可以从德谟克利特那里得到这些'动力'，即驱

动力，他称之为'撞击力'（plagam）。而你，伊壁鸠鲁给了它们重力和重量。因此，自然中究竟存在着什么新鲜的原因可以让原子偏斜？（是不是让原子抽签决定哪个偏斜，哪个不偏斜？）它们为什么以微小的而非较大的间距偏斜？为什么通过一个而不是两三个间距偏斜？[47]这是愿望（optare）而非论证（disputare）。你不要说原子是因为外力作用而位移和偏斜的，不要说在原子所穿过的虚空中存在着什么因素使之不按直线运动，也不要说原子自身中有什么变化，能让它在不能保持自身重量的情况下自然运动。因此，尽管他没有引入任何原因来解释这种偏斜，但他认为当他谈论那些所有人的理性都会嗤之以鼻的东西时还是头头是道。[48]在我看来，没人比那些承认自己除了求助于想象的偏斜没有其他办法忍受命运的人，不仅更加坚信命运，而且更加坚信支配一切的必然性，或者更加坚定地抛弃心灵的自主运动。因为即使假设原子存在（尽管在我看来接受它们存在是完全不可能的），你谈论的这些偏斜依然永远无法解释。如果正是自然的必然性赋予原子依重力运行的特质，因为每个有重量的物体，当没有东西阻碍它时必定会运动和运行，那么是不是某些原子——如你所愿，所有的原子——在自然的秩序中会发偏斜也是必然的……"

附录Ⅲ：西塞罗的哲学研究*

西塞罗早年研究哲学，受教于当时三大哲学学派的代表人物，如学园派的菲洛、斯多亚派的迪奥多图和伊壁鸠鲁派的斐德罗。这些学者都为避米特拉达梯战争之祸而迁至罗马。成年后，西塞罗又研习哲学两年多时间。正值 27 岁，他稍抽身于公共事务，在雅典拜师伊壁鸠鲁派的斐德罗和芝诺、学园派的安提奥库，潜心研究哲学六个月。之后，他赴罗得岛学习修辞术，礼遇当时的斯多亚派领袖波西多纽；迪奥多图也是他在罗马宅邸的座上宾，直至终年。据西塞罗的诸多书信可知，他哪怕重返故里，公事缠身，也不忘在闲暇时继续研究哲学。在三头同盟时期，他事业受挫，便更频繁地写

---

* 本附录改译自 Rackham，H. trans.，Cicero：*De Natura Deorum & Academica*，in Loeb Classical Library (London，1933)，"前言"；Long，A. A.，"Roman Philosophy"，in D. Sedley，ed.，*The Cambridge Companion to Greek and Roman Philosophy*（Cambridge，Mass.，2003）。——译者注

作。公元前 57 年，他结束了一年的放逐生活，回归本土，然后写了《论演讲家》（*De Oratore*）、《论共和国》（*De Republica*）和《论法律》（*De Legibus*）。他的早期修辞学著作《论取材》（*De Inventione*）则写于其 25 岁之前。公元前 46 年，他与恺撒和解，重返罗马，修辞学和政治学是他此时的研究重心。公元前 45 年，他的女儿玉殒，庞培（Pompey）也在法萨卢（Pharsalus）战败，他便辞官回到乡间别墅，全然投身于研究和写作。他怀抱的意念可能是，要将希腊思想的瑰宝传授于罗马读者，以此作为报效国家的最后使命。他在《论目的》的前言（Ⅰ.1 - 13）中袒露心迹，他将此书推荐给朋友布鲁图斯。布鲁图斯获得此书无疑在 8 月造访西塞罗之时 [*Epistulae ad Atticum*（《致阿提卡的信》），ⅩⅢ.44]。接下来一年西塞罗笔耕不辍，之后 3 月恺撒遇刺，直至他在秋季奔赴公共集会，以《反腓力》（*Philippicae*）攻击安东尼（Antony）为止。他因此事受刑，殁于公元前 43 年 12 月。因此，除了上述著作，他在思想领域里的重要著作先后完成于公元前 46 年至公元前 44 年。

　　西塞罗的哲学研究绝不落伍。他本人在致阿提卡（Atticus）的书信（*Epistulae ad Atticum*，ⅩⅡ.52）中给出了一个谦虚的说法："你会说：'你这类著述的方法是什么？'它们仅仅是誊写，也没耗费多少劳力；我只搬弄了几句话，还说得滔滔不绝。"不过，他在别处却称赞自己的著作："如我惯常做的，我以自身的判断和辨识，从希腊获取源源不断的启迪"（*Off.* Ⅰ.6），"我不仅担任一名译者，还献出自己的判断和自己的谋篇布局"（*Fin.* Ⅰ.6）。他的创作方法清清楚楚：他获取一类或几类主要哲学派别的小册子，将其改编为拉丁语著作；但他用对话的形式构成连续的诠释篇章，又引用罗马历史和诗歌加以润色。他旨在推介大师们的著作，使其能为同胞所接纳。为此，他博览群书，广拜名师，博采众家。可惜，他因学识和精力有限而未能更深入地探究、准确地理解。尽管如此，他仍在哲学上成就斐然。因为希腊诸学派的术语晦涩难懂，西塞罗用拉丁语将其改写，各种文化背景的受众由此获益；并且，他创造的拉丁哲学术语沿用至今，奠定了现代欧洲学术语言的基础。

总体来说，西塞罗的著作鲜有原创的哲学思想，而更多是作为二手文献的转述。西塞罗在书中精心遴选人物和设置场景，营造出温和而不失礼节的对话情节。虽说他在模仿柏拉图方面显然不尽如人意，但相较于他的模仿者，如贝克莱和休谟，他却胜过千百倍。尤其是，他发掘了"故事情节"在哲学对话中的重要价值，远不同于我们在希腊"学述文献"中发现的那种干瘪的哲学说教。他将哲学罗马化了，靠的不仅是用拉丁语推介的种种材料和丰富的拉丁历史与文学的引用，还有其著作中展现的罗马对话人之间的思想碰撞。他本人的角色则不停变换，从开放的探究者，到某种道德政治学说的阐释者。如果我们偏要认为多样性是一种缺陷，那么我们就必须责备西塞罗犯下了这种过失。我们通常只是将西塞罗的著作视为某种哲学的参考文献，所以经常批评他缺漏信息，抱怨其文风古怪，偏离哲学的本题。这类批评无非是要让西塞罗适应今人的旨趣，而忽略他作为一名杰出罗马知识精英的身份。

那时，西塞罗不过 19、20 岁，就写下了讨论修辞学的著作《论取材》。他在人生的后期认为此书不值一提，不过是年少时的青涩之作，而我们今天也很少提到这本书。事实上，此书显示出西塞罗的早慧，展现了他的逻辑学素养，这正是修辞学的有机部分。青年西塞罗在此书序言中所秉持的立场，便定下了他今后逐渐成长为政治家、演讲家和哲学家精彩履历的基调。其重要性，远非一两句结论所能道清。现摘录如下：

> 在冥思苦想之后，理性引导我生出这般信念：哲学若无雄辩，则于人少有裨益；雄辩若无哲学，则通常害人。由此，如果有人忽视理性和责任这些无比正确、光荣的品质，投身到修辞学的训练，那么他将沦为无益于自己且有害于国家的人。相反，他用雄辩武装自己，不损害国家的利益，为了国家的利益战斗，在我看来，他不仅自己有了最大的收获，还造福了公共事务，无愧为忠实的公民。

附：西塞罗的主要哲学著作

认识论：《论学园派》（*Academica*）；

逻辑学：《论题》（*Topica*）；

自然哲学和宗教：《论诸神的本性》（*De Natura Deorum*）、《论预言》（*De Divinatione*）、《论命运》（*De Fato*）；

政治哲学：《论法律》（*De Legibus*）、《论共和国》（*De Republica*）；

伦理学：《斯多亚派悖论》（*Paradoxa Stoicorum*）、《论目的》（*De Finibus Bonorum et Malorum*）、《图库兰辩》（*Tusculanae Disputationes*）、《论老年》（*De Senectute*）、《论友谊》（*De Amicitia*）、《论义务》（*De Officiis*）。

索 引 *

A

Absyrtus 阿伯绪耳图斯（美狄亚的
　兄弟）3.48

Academica，Cicero's《论 学 园 派 》
　（西塞罗的）1.11

Academy，non-dogmatic 学园派（非
　独断论的），新学园派 1.1 - 14；
　存疑，不做定论（*epochē*）1.11；
　或然论 1.12；修辞术 2.168

Accius 阿克齐乌斯（罗马悲剧作家，

约公元前 170—前 100），引用 2.89,
　3.41、68、90

accommodare（*sunoikeioun*）调和1.4、
　104，2.45、139

Acheron 阿刻戎河（希腊神话中冥府
　的河流）3.43

Achilles 阿喀琉斯（希腊神话中的英
　雄）2.166，3.45

Adonis 阿 多 尼 斯（希 腊 神 话 人
　物）3.59

---

　* 整理根据 H. Rackham，M. A.，Index to De Natura Deorum，in H. Rackham,
M. A.，ed. & trans.，*De Natura Deorum*，*Academica*，in Loeb Classical Library（Cam-
bridge，Massachusetts：Harvard，1933），pp. 388 - 396。——译者注

译后记

　　希腊化时代的哲学长久以来被封存于故纸堆中，如今我们力图将其挖掘，窥见其中一二真谛；若有所得，可飨读者；此愿若遂，幸甚至哉。毋庸讳言，汉译西塞罗的《论诸神的本性》正是实现此宏愿的一项切实工作。西塞罗是介于罗马文化和希腊文化之间的"摆渡人"，我们借由他的文字可以方便了解，甚而理解希腊化时代，乃至罗马时代前期的思想。因此，我们重点关注西塞罗的哲学著作，而非其他学者的。众所周知，西塞罗所处时代的哲学主流是伦理学或道德哲学，而其伦理学的建立并非无本之木，那么它的"根本"是什么呢？"根本"就是自然哲学和神学。自然哲学是当时一切道德原则的立论根基，是一切道德原则付诸实践的现实基础。至于"神学"，它是自然哲学的一个分支。西塞罗研究神学，写下《论诸神的本性》一书就是要用神或宗教为自己的伦理学奠基。似乎在他看来，有了神的存在，凭借神的赏善罚恶，人的善行才有"充足理由"，人的幸福才有最终保障。

本书是西塞罗讨论希腊神学和宗教的著作，展现了伊壁鸠鲁派、斯多亚派以及学园派在众神的有无、本性或特征，及其同世界和人类之间的关系等问题上的主要观点及论证。西塞罗写作此书并非单纯罗列上述三派的观点，而是意图借助"学园派"（以阿尔克西劳和卡尔内亚德为代表的学园派）的怀疑论方法对当时流行的各种神学观点做一番"审查"，从而将拥有理性的人类引入宗教信仰领域，以此构建起罗马社会伦理道德的基础。西塞罗可能在公元前45年夏写作此书，全书共三卷，第一卷有44章，第二卷有67章，第三卷有40章，其中仅第三卷有一部分缺失。西塞罗在书中虚构了一场公元前77年或公元前76年发生于科塔家中的对话。科塔、威莱乌斯和巴尔布斯在对话中分别扮演学园派、伊壁鸠鲁派和斯多亚派，而西塞罗本人则是旁观者。

书中各种人物的辩论仅仅是"相"，辩论背后的思想冲突才是"实"。我们要把握本书的"实质"，就得鸟瞰亚里士多德以后的整个哲学风貌。那时，整个哲学显现出系统化的特征，由逻辑学、自然哲学和伦理学构成一个整体。这三个领域分别回答了以下三个问题：其一，我们如何认识世界；其二，世界的本性是什么；其三，我们如何生活在世界中以获得幸福。对于这些问题，伊壁鸠鲁派和斯多亚派在许多方面都给出了不同的回答。不过，两派却在以下三点上达成共识：第一，感官或感觉是知识的唯一来源；第二，只有物质是真实的；第三，幸福在于内心的平和，即不受痛苦、恐惧和欲望的扰乱。但是，两派在伦理学方面的根本分歧是，伊壁鸠鲁派认为当人的意志游离于自然律之外时，人才能获得内心的平和；而斯多亚派则主张内心的平和来自对自然律的服从。同时，两派在自然哲学方面也有诸多差异，特别表现在对神性问题的理解上。例如，伊壁鸠鲁派认为神虽然存在，但无所事事，并不影响或干扰人世；斯多亚派的观点则与之相悖：整个宇宙都在神的统摄中，神就是"逻各斯"。学园派的神学思想不像以上两派那样"独断"，纯粹是批判性的。柏拉图逝世后，阿尔克西劳（公元前3世纪中期的柏拉图学园掌门人）在一定程度上改造了柏拉图学派。他将否定知识可能性的观念引入学园，因而人们将他执掌的学园称为"第二期学园"或"新学园"。他的改造工作由卡尔内亚德继承，后者还运用精巧的逻辑驳斥斯多亚派的自然神论。因此，西塞罗恪守"新学园派"的规训，以怀疑论为方法抽丝剥茧；同时又试图一碗水端平，避免偏袒伊壁鸠鲁派和斯多亚派中的任何一方。然而，他尽管小心翼翼，但最终却理所当然地表达出"我认为巴尔布斯的观点才有些真理的样子"。

　　每个时代有每个时代的哲学，每个时期有每个时期的译文。正如西塞罗研究哲学并非为了思维的炫技，而是要为处在社会变革时期的罗马"立心"，我们的哲学研究及翻译也绝非停驻于一字一句，堆砌成群蚁排衙的空洞文章，而是一定要为我们所处的时代服务，凝结成时代所需要的精神。哲学翻译的重要性毋庸置疑，它本质上是一种理解和诠释。因此，我们翻译了西塞罗的《论诸神的本性》以及《论命运》等著作，考察并反思希腊化时代的种种思潮。实话实说，我们并不妄求本译文能长长久久存于世间。若它果真留存下来了，其中的或优或劣都会成为一种样本，供有心人"实验"。不过，千万别以为能得到一劳永逸的结论，我们不过得知一二"貌似的真理"罢了！

张鹏举　崔延强

辛丑年十二月廿五日

巴山渝水

图书在版编目（CIP）数据

论诸神的本性 /（古罗马）马库斯·图留斯·西塞罗
（Marcus Tullius Cicero）著；崔延强，张鹏举译 . --
北京：中国人民大学出版社，2023.6
（西塞罗哲学文集 / 崔延强主编）
ISBN 978-7-300-31681-9

Ⅰ.①论… Ⅱ.①马… ②崔… ③张… Ⅲ.①古希腊
罗马哲学 Ⅳ.①B502.42

中国国家版本馆 CIP 数据核字（2023）第 080250 号

西塞罗哲学文集
崔延强 主编
论诸神的本性
［古罗马］马库斯·图留斯·西塞罗（Marcus Tullius Cicero） 著
崔延强 张鹏举 译
Lun Zhushen de Benxing

出版发行	中国人民大学出版社		
社 址	北京中关村大街 31 号	**邮政编码**	100080
电 话	010－62511242（总编室）	010－62511770（质管部）	
	010－82501766（邮购部）	010－62514148（门市部）	
	010－62515195（发行公司）	010－62515275（盗版举报）	
网 址	http://www.crup.com.cn		
经 销	新华书店		
印 刷	涿州市星河印刷有限公司		
开 本	890 mm×1240 mm 1/32	**版 次**	2023 年 6 月第 1 版
印 张	7.875 插页 4	**印 次**	2023 年 6 月第 1 次印刷
字 数	162 000	**定 价**	78.00 元